Trois petits tours
Une traversée du XXème siècle

Henri & Jean Mourot

TROIS PETITS TOURS
Une traversée du XXème siècle

Roman vrai

Books on Demand GmbH

Éditeur : Books on Demand
12/14 Rond-point des Champs Élysées75008 Paris, France

Impression : Books on Demand GmbH
Norderstedt, Allemagne

© 2009 Mourot Jean
Dépôt légal :mars 2009

« Ainsi font, font, font
Les petites marionnettes,
Ainsi font, font, font
Trois petits tours et puis s'en vont… »
Comptine de France

« Notre vie est un livre qui s'écrit tout seul.
Nous sommes des personnages de roman
qui ne comprennent pas toujours bien
ce que veut l'auteur. »
Julien GREEN

Prologue

Sur une vieille photo, cinq poilus, képi sur la tête, capote relevée sur les genoux fixent l'objectif sur un fond de campagne lorraine. Ils ont un brin de muguet agrafé sur la poitrine : c'est le 1er mai 1915 à Maidières les Pont-à-Mousson, dans la vallée de la Moselle. La guerre dure depuis bientôt un an. On sait maintenant qu'elle en sera pas « fraîche et joyeuse » mais l'on n'est pas encore allé jusqu'au bout de l'horreur. Le front s'est stabilisé au nord et à l'est de la France mais l'on se bat encore avec acharnement à trois kilomètres de là, dans les tranchées du Bois Leprêtre qui ne sera conquis que le 12 mai, au prix de lourdes pertes.

Ici, on est au repos, entre anciens, des « territoriaux » peut-être, habitués au bruit de fond des roulements d'artillerie au lointain. Au centre, assis en tailleur, un petit homme à l'œil vif cache ses lèvres sous une abondante moustache en croc. C'est mon grand-père, Eugène Mourot. Derrière lui, un grand dadais de 15 ans s'arrange pour qu'on voie sa chevalière fabriquée à partir d'une douille de laiton: c'est son fils aîné, René. Au début de la guerre, quand une avant-garde allemande avait investi le village, il s'était enfui pour se réfugier dans une ferme voisine et n'était réapparu qu'une fois l'ennemi reparti... À ses côtés, ses deux cadets: Louis, 7 ans et demi et Henri, 5 ans. Ce dernier, c'est mon père. Visage rond, cheveux ras, son visage s'éclaire d'un petit sourire moqueur.

***

Il est né à deux pas de là, dans une ferme désaffectée où l'on avait aménagé des logements ouvriers. Son père était mouleur en fonte aux fonderies de Pont-à-Mousson qui, en 1915, tournaient à plein rendement pour la défense nationale. Dans les décennies précédentes, de nombreux paysans avaient quitté la terre pour y être embauchés. L'ennemi se faisant menaçant, la société avait acquis des terrains loin de là, en Normandie, près de Rouen, à Yainville, pour y transférer ses hauts-fourneaux en cas de besoin. Le petit Henri ne savait pas encore que son fils à venir en rachèterait une parcelle, quelque soixante-dix ans plus tard, pour y édifier un pavillon d'habitation ! Aidée de son aînée Marguerite, sa mère, une petite bonne femme courageuse, s'occupait de son ménage et de ses nombreux enfants : René, Lucie, Georges et les deux petits. La vie était dure. On ne connaissait ni le repos hebdomadaire, ni les congés payés, ni l'assurance chômage, ni la Sécurité sociale. Un accident et c'était la misère assurée. Avec ses cinq francs par semaine, un bon salaire pour l'époque, Eugène Mourot avait du mal à faire vivre sa famille. Aussi était-il obligé, pour compléter ses revenus, d'aller exploiter des jardins « *de moitié* », cultivant la totalité des parcelles et ne gardant que la moitié de la récolte en guise de rémunération. Il avait été mobilisé au début du conflit mais avait été vite rendu à la vie civile, comme père de six enfants, en application d'une toute nouvelle loi qui lui avait valu une affectation spéciale à Nancy.

Henri avait grandi sans souci à l'ombre des mirabelliers, sous l'œil attentif de sa sœur Marguerite, son aînée de douze ans, en compagnie de Louis. Il adorait son père qu'il accompagnait parfois au jardin. La guerre l'impressionnait. Il avait vu passer des chariots réquisitionnés —des «*arabas*», comme on les appelait— remplis de cadavres de soldats. Un jour qu'il se tenait sur le pas de la porte, il avait entendu un un bruit mat : clac ! Il s'était retourné et avait vu un clou sur le mur. Il était rentré en courant et en appelant sa sœur aînée: « *Guiguite ! Guiguite ! Viens vite: j'ai vu*

Prologue

une pointe se planter toute seule dans le mur ! ». En fait de pointe, c'était une balle perdue ! Quand, au début de la guerre, un détachement allemand en casques à pointe avait investi le village, faisant retentir la chaussée du martèlement cadencé des bottes cloutées, un soldat avait voulu l'amadouer en lui donnant des petits biscuits de sa dotation personnelle, en forme de domino. L'enfant, méfiant, était partagé entre la peur de se faire empoisonner et l'envie de goûter au biscuit... Il fallut que le soldat en croque un devant lui pour qu'il les accepte sans crainte... Il ignorait que de l'autre côté de la frontière d'après 1870, en Alsace, son futur beau-père avait, lui aussi, porté le casque à pointe, durant les trois ans de son service militaire dans l'armée du Kaiser...

***

Le petit Henri a grandi. Il a traversé en zigzag le XXème siècle. Comme les petites marionnettes, il a fait ses trois petits tours dans le théâtre de la vie avant de s'en aller discrètement comme il avait vécu. Mais auparavant, il a régulièrement noté sur des carnets et agendas, en marge de sa comptabilité personnelle et familiale, les évènements quotidiens de son existence, prenant parfois le temps, dans sa jeunesse, de rédiger le récit de tel ou tel événement pour lui mémorable. Passionné par la préservation du passé, il a aussi laissé quelques lettres et divers documents soigneusement conservés. Dans les dix dernières années de sa vie, il a enregistré au magnétophone plusieurs heures de souvenirs au fil de sa mémoire. C'est à partir de ces matériaux bruts et à la lumière de la documentation dont je disposais, que j'ai pu reconstituer ce récit. C'est l'histoire d'une vie simple dans un siècle qui ne le fut pas, à laquelle aurait pu s'appliquer le titre d'un ouvrage d'Edmond About qui figurait dans la « collection verte » de notre bibliothèque: « *Le roman d'un brave homme* ». Brave homme, il le fut sans aucun doute, même s'il n'était pas exempt de quelques menus défauts. Au crépuscule de ma propre vie et par-delà leur mort, je les remercie, lui et ma mère, pour ce qu'ils ont été et ce qu'ils ont fait pour nous, leurs enfants.

Jean Mourot

Petits Nancéens réfugiés en Bretagne à Saint-Lunaire

Chapitre I
11 Rue Jeannot

En 1916, Papa s'était retrouvé « affecté spécial » à Nancy, à *la Mécanique moderne* qui, comme la plupart des usines à cette époque, travaillait pour la Défense nationale. Il logea un temps avec mon frère Louis chez sa sœur Marie. Puis, quand il eut trouvé un appartement, il fit venir le reste de sa famille et nous nous installâmes au 11 rue Jeannot.

C'était une maison ouvrière de trois étages, avec une cour où l'on trouvait un lavoir et les « cabinets d'aisance », un pour chaque étage. On comptait environ une douzaine de locataires. Notre logement se trouvait juste à l'entrée du premier étage. On entrait directement dans la cuisine. À droite, une grande cheminée à l'ancienne qui nous tenait lieu de débarras, devant laquelle trônait une cuisinière avec l'ouverture sur un côté, l'autre étant occupé par une caisse sur laquelle était installé un rudimentaire réchaud à gaz à deux brûleurs. À gauche, s'ouvrait une alcôve dont un quart servait de caisse à bois et à charbon, le reste étant occupé par le lit des parents, un vieux lit-cage qui restait déplié en permanence. Dans la journée, deux grandes portes dissimulaient le tout aux regards. Au milieu de la pièce une longue table de bois massif réunissait parfois jusqu'à huit personnes. Près de la fenêtre, un évier, « *la pierre à eau* », sous un robinet d'eau courante. À l'entrée, comme nous n'avions pas encore l'électricité, était installé le compteur à gaz. C'était du gaz de houille, débité pour un temps limité, contre des pièces de dix centimes en bronze qu'on glissait dans une fente. Chaque mois l'encaisseur de la compagnie du gaz venait relever le compteur, récupérer les pièces et nous les restituer éventuellement contre la somme correspondante en monnaie courante. L'éclairage au gaz était assez efficace, grâce à des manchons performants qui répandaient une lumière douce. Mais il n'y avait de lampe que dans la cuisine. Quand je saurais lire et que je prendrais plaisir à la lecture, il me faudrait un autre moyen d'éclairage. Aussi, quand je servirais la messe, je ramasserais les moignons de cierges retirés des chandeliers et je les ramènerais à la maison pour m'éclairer le soir dans mon lit et dévorer notamment mes magazines favoris: *l'Epatant, le Journal des Voyages*, etc.

Ensuite venait la « salle à manger », en fait, la chambre des garçons, avec les lits de mes frères. Jusqu'à leur départ de la maison, je dormais moi-même dans une alcôve où l'on rangeait le seau de toilette de toute la maisonnée pour les urgences de la nuit. Au fond, il y avait encore une autre chambre, assez grande, avec un renfoncement dans lequel se trouvait le lit de mes deux sœurs. J'en pris possession quand elles se marièrent et quittèrent à leur tour la maison. J'y introduisis un grand poêle de faïence, un bureau et un vieux fauteuil achetés avec mes pourboires de jeune travailleur à un camarade du patronage de la cathédrale. C'était le fils d'un général défunt, qui vivait avec sa mère et finançait ses frasques en vendant à des prix compétitifs quelques meubles à qui voulait les acheter. Ce n'était pas un palais, mais j'y étais chez moi.

Notre appartement donnait à la fois sur la cour et sur la rue. Comme les maisons étaient peu rapprochées, nous ne manquions pas trop d'air et de soleil. À cette époque, en dépit ou à cause de leur extrême pauvreté, régnait une bonne entente et même une certaine solidarité entre les

11 Rue Jeannot

différents locataires. Quelqu'un pouvait être malade ou dans l'embarras, il y avait toujours un voisin ou une voisine pour l'aider ou le consoler. Le gérant était employé aux Pompes funèbres ; c'est lui qui conduisait les cortèges, un bicorne noir sur la tête lors des enterrements. Sur notre palier habitait une famille dont nous étions proches, avec un garçon et une fille, qui fut d'ailleurs un peu amoureuse de moi. Mais moi, alors, cela ne m'intéressait pas ! Le garçon, Charles dit Charlot, est devenu garde mobile. Un jour, bien plus tard, mon frère Louis se trouvant à la frontière allemande devant un capitaine de CRS ne fut pas peu surpris de reconnaître en lui le fameux Charlot ! Il y avait aussi un couple qui gardait un nourrisson. Descendus d'une luxueuse automobile —à cette époque, les autos étaient assez rares pour être remarquées— une jeune femme et un monsieur barbu très digne venaient régulièrement voir le bébé. C'était manifestement un couple illégitime et le nourrisson, un « enfant de l'amour », comme on disait alors.

***

Quand j'eus atteint l'âge scolaire, on m'inscrivit à l'école de garçons Ory. Nous avions des maîtres à l'ancienne. Avec eux, j'ai toujours aimé apprendre. Je me rappelle très bien de mon premier instituteur, Monsieur Galland. Il portait l'impériale', c'est-à-dire la moustache en pointes et la barbiche, à la manière de Napoléon III, et avait la manie de manger en classe un morceau de pain qu'il coupait en petits dés à l'aide de son couteau de poche, avant de les avaler devant nous. Quand je suis arrivé, il m'a demandé : « —*Qui est-ce qui t'as appris à manger? —J'ai appris tout seul, Monsieur. —Eh ! bien pour apprendre à lire et écrire, ce sera la même chose. Il faudra que tu apprennes tout seul et que tu y mettes du tien.* ». Ensuite, j'ai eu Monsieur Flèche qui venait de perdre un bras au combat, puis le fils du directeur, également mutilé de guerre. C'était ce dernier, qui surveillait l'étude du soir. Celle-ci permettait aux enfants pauvres et mal logés de faire leurs devoirs dans les meilleures conditions contre une modeste contribution. Avec lui, il fallait se tenir tranquille. Il ne voulait rien entendre. On ne pouvait même pas tousser ! Par contre, son père, Monsieur Grandjean, était un brave homme. Quand j'ai été dans sa classe, pour y préparer le Certificat d'études qu'on passait alors à 12 ans, j'étais devenu un peu son chouchou. Je lui faisais à l'occasion quelques courses dont il me récompensait par une petite pièce. Nous écrivions à la plume *Sergent-major*. Nous avions les livres habituels de l'époque, la géographie de Vidal-Lablache, « *le Tour de France de deux enfants* », etc. Comme j'aimais l'histoire, j'avais quelques livres supplémentaires à la maison, récupérés je ne sais où. Et quand le maître faisait sa leçon, il me demandait souvent : « *Allez Mourot, amène-moi donc un de tes livres... qu' on voie ce qu'on peut y trouver.* »

Jamais ces maîtres de l'école laïque, dont on disait tant de mal dans les milieux catholiques de l'époque, ne nous ont brimés dans nos convictions et pratiques religieuses, même quand ils étaient francs-maçons, comme c'était vraisemblablement le cas de M. Grandjean. J'ai pu manquer sans problème les trois ou quatre jours de la retraite précédant la première communion et toujours eu les permissions que je demandais lorsque, étant enfant de chœur, je devais m'absenter pour servir une messe de mariage ou d'enterrement.

Au début de 1918, les combats s'étaient dangereusement rapprochés de Nancy : on se battit durement sur les hauteurs, au Grand Couronné. Il nous est souvent arrivé, à l'école, de descendre à la cave avec, dans une petite musette, une espèce de chiffon enduit pour nous protéger d' une possible attaque aux gaz de combat. Pendant un an, nous avons dormi tous les soirs à la cave, rue Jeannot en prévision d'éventuels bombardements de l'artillerie lourde allemande. Les bombardements aériens étaient moins redoutables : les aviateurs lançaient leurs bombes à la main depuis leurs aéroplanes et elles faisaient souvent plus de peur que de mal. Un jour nous en avons reçu trois sur notre maison: l'une s'est arrêtée au grenier, une autre au-dessus du 1er étage et la troisième est tombée dans la cour. Je me souviens que ceux qui avaient été atteints par ses éclats avaient vu leurs mains enfler...

***

Comme le front n'était plus qu'à une vingtaine de kilomètres de la ville, la Municipalité proposa aux familles d'évacuer les enfants. C'est ainsi qu'avec mon frère Louis nous sommes partis en train avec l'ensemble des écoles de Nancy pour Saint-Lunaire, près de Dinard, en Bretagne, peu avant que la gare ne fusse bombardée par les Allemands. Le voyage dura trois jours, parce qu'il fallait laisser la priorité aux convois militaires. Nous avions largement le temps de chahuter. Au cours d'un de ces chahuts, je pris un coup de pied dans le nez qui se mit à pisser le sang. Comme nous voyagions dans des wagons à l'ancienne, sans couloirs, dont les compartiments s'ouvraient directement sur la voie, il avait fallu tirer le signal d'alarme pour arrêter le convoi. Le médecin était venu m'examiner; on m'avait soigné et le voyage avait repris cahin-caha. Toutefois, l'étiquette que, comme mes camarades, je portais au cou pour permettre de nous identifier, se retrouva tachée de sang... Lorsque nous nous arrêtions dans les gares, on était vraiment gentil avec nous. Les gens nous donnaient à manger, nous offraient des cadeaux... C'est ainsi que, je ne sais plus où, nous pûmes déguster des tartines de... graisse d'oie !

A l'arrivée, on nous logea dans un hôtel désaffecté, le *Grand Hôtel de la Plage*, au bord de la mer. Bien que nous y fussions correctement installés, nous nous sentions perdus et nous étions bien tristes. Souvent, avec Louis, nous nous mettions dans un coin pour pleurer...

Nous sommes ainsi restés séparés de notre famille pendant plus d'un an. Au début, on nous avait mis dans une grande chambre. Nous y étions bien, à trois ou quatre. Nous y avions trouvé du pain. Il était plutôt rassis, mais nous l'avons toutefois apprécié, car c'était alors une denrée rare ! Quand nous mangions, les serveurs n'avaient pas besoin d'essuyer la table. Il ne restait plus une seule miette : nous les ramassions toutes du bout des doigts ! Lorsque nous nous échangions des jouets ou d'autres babioles, le morceau de pain était notre unité monétaire. Et lors de nos sorties, lorsque nous avions eu la chance de recevoir un mandat, notre première préoccupation était d'acheter du pain frais ! A notre arrivée, nous avons été bien surpris quand on a voulu nous faire manger de la soupe au petit déjeuner. Les petits citadins lorrains que nous étions n'étaient pas prêts à renoncer à leur café au lait du matin ! Nous n'étions cependant pas mal nourris, grâce aux dons de l'organisation caritative américaine Y.M.C.A. En outre, mon frère et moi avions la chance de connaître l'une des serveuses, une amie de notre sœur Marguerite qui nous avait suivis dans notre évacuation. Quelquefois, elle nous remontait le moral et quand nous recevions des colis, elle nous les gardait pour ne pas que nous en mangions tout le contenu dès le premier jour.

Des fêtes étaient parfois organisées. Je me souviens de celle qu'on donna un jour en l'honneur de Georges Carpentier, le boxeur champion du monde des poids mi-lourds qui, après une blessure, était en convalescence dans la région. Il avait participé à une exhibition. Mais notre plaisir fut gâché par l'effondrement d'une tribune qui fit des blessés, en particulier un camarade de mon immeuble, qui resta infirme de la jambe toute sa vie.

Enfin ce fut l'Armistice, le 11 novembre 1918. Nous ne sommes pas revenus tout de suite. Il fallut attendre quelque temps le retour à la normale. Mais je me souviens de notre joie au moment de retrouver Nancy. On nous rassembla au Lycée Poincaré, et c'est là que nos parents sont venus nous chercher. Je laisse à deviner notre émotion au moment des retrouvailles après ces longs mois d'exil. Nous retrouvions aussi notre sœur Lucie et notre frère Georges qui avaient été envoyés en Algérie. Lucie avait été recueillie au pensionnat des Dames d'Afrique, à Oran, et Georges chez des postiers de Berrouaghia, à une centaine de kilomètres au sud d'Alger.

***

La vie reprit son cours... C'était dur. Nous étions pauvres, mais nous avions la chance d'avoir de bons parents. Il y avait beaucoup d'amour entre nous. Marguerite travaillait dans une maison de confection, Lucie dans une maison de mode, René était garçon boucher, Georges ajusteur-mécanicien. Papa continuait son métier de mouleur en fonte à la *Mécanique moderne* alors que Louis et moi allions encore à l'école. Nous n'eûmes pas le bonheur de connaître un petit frère nouveau-né qui mourut en bas âge de la terrible grippe espagnole de 1918 qui fit quelque 400 000 morts, rien qu'en France.

Le jeudi, jour de congé des écoliers dans ce temps-là, et pendant les vacances, j'allais au patronage du quartier qu'animaient de jeunes abbés, dans un ancien couvent dominicain, avec une grande chapelle, une salle de spectacle, une salle de gymnastique et une bibliothèque. Au cours des vacances, le matin, des étudiants nous faisaient suivre, sur des tables installées autour de la cour sous le déambulatoire, des séances de soutien scolaire. Et deux fois la semaine, nous partions en « grande sortie ». C'est ainsi qu'en 1919, on nous emmena visiter les champs de bataille des Vosges. En revenant, dans le train, nous avions sympathisé avec des soldats fraîchement démobilisés qui rentraient chez eux avec leur équipement de guerre : casque, fusil, etc. Pour m'amuser, j'essayai le casque de l'un d'eux. Quelque temps après, revenu à la maison, je me découvris au front comme une piqûre d'insecte qui s'était envenimée. Peu après, j'eus la tête et le visage recouverts de croûtes. Le médecin jugea que cela nécessitait un traitement énergique et m'envoya dans un hôpital pour enfants des environs de Nancy. Là, on a commencé par m'enduire la tête de vaseline. On a recouvert le tout d'un pansement et après quelques jours, on m'a rasé le crâne et soumis à un régime alimentaire spécial…

Nous nous sentions bien dans cet hôpital, tenu par des sœurs qui nous allaient jusqu'à nous faire classe. Mes parents, mon père surtout, venaient me voir. Ils prenaient le tramway jusqu'au terminus de Maxéville et il ne leur restait plus que quatre ou cinq cents mètres à faire à pied pour me retrouver. C'était dans la période de la Saint-Nicolas, la grande fête des enfants dans les régions du Nord et de l'Est. (C'était cet évêque mythique, accompagné de son âne et du terrible Père Fouettard, avec verges et martinets dans sa hotte pour ceux qui n'avaient pas été sages, qui apportait, dans la nuit du 5 au 6 décembre, les cadeaux aux enfants.). Une sœur assez âgée était venue nous dire : *« Il faudra mettre vos souliers au pied de vos lits .»* L'un d'entre nous, plus grand et qui se croyait plus malin que les autres avait joué les esprits forts : *« Oh ! moi je n'y crois pas, au Saint Nicolas. Tout ça, c'est de la blague !»* Mais le lendemain, au réveil, alors que chacun avait des oranges, des Saint-Nicolas en pain d' épices et divers cadeaux dans ses chaussures, ceux de l'esprit fort étaient restés vides ! Quand il fit mine de se plaindre, la sœur lui répondit du tac au tac : « *Tu as dit que tu ne croyais pas au Saint-Nicolas. Alors, il s'est dit: celui-là, ce n est pas la peine de lui mettre quelque chose dans ses souliers !* »

J'ai fini par guérir et par revenir rue Jeannot et au patronage. L'un de mes camarades, Berger, qui est devenu depuis chirurgien-dentiste, se moquait de mes cicatrices et m'appelait à tout bout de champ *« la Rougeole »*. Excédé, j'en parlai à mon frère aîné René, le garçon boucher. Le jeudi suivant, il se pointa dans la cour du patronage: « *—Alors lequel t'appelle la Rougeole ?* » Berger était justement dans la cour. Je le désignai du doigt. « *—C'est celui-là !* ». Aussitôt, mon frère fondit sur lui comme un épervier sur sa proie. Terrorisé, le gamin courut se réfugier au premier étage où se déroulait une séance de théâtre. Il traversa la salle à toute vitesse, monta sur la scène avant de disparaître dans les coulisses et de ressortir un peu plus loin. Bien sûr, mon frère ne lui toucha pas un cheveu de la tête ; il avait seulement voulu lui faire peur et je dois dire qu'il avait parfaitement réussi. Désormais, Berger me laissa définitivement tranquille...

Trois petits tours

Notre domaine, cependant, c'était la rue. Dans la rue Jeannot exerçait un réparateur de parapluie. Le lundi, il partait en tournée pour ramasser les pépins défectueux et il les réparait soigneusement au retour : nous n'étions pas encore entré dans la société de consommation. Tout se réparait. Rien ne se jetait. Les seuls jouets que je me souvienne d'avoir eus sont ceux que j'avais récupérés en 1914 dans les décombres d'un « asile » (on ne disait pas encore « école maternelle ») qui venait d'être bombardé...

Mes meilleurs copains, Marcel Thiaville et Armand Receveur, habitaient tous deux dans notre cour. Les parents d'Armand faisaient, eux, le commerce des caisses d'emballage d'occasion. Ils récupérait les caisses usagées et les retapaient, avant d'aller les livrer dans leur voiture. A la mort de son père, sa mère prit un commis qui devint son compagnon. Comme il se soûlait à l'occasion, il fallait alors entendre les injures et les empoignades... Mais il était gentil avec nous. Et il m'est arrivé le dimanche, en été, de partir avec eux en promenade à la campagne, dans leur petit cabriolet à cheval. J'ai encore dans la bouche la saveur du fromage blanc à la ciboulette que nous avons mangé ensemble dans une petite auberge des bords de la Meurthe... Le père d'un autre de mes camarades, André Chrétien, était bedeau à la cathédrale. Et il m'est souvent arrivé de l'aider à sonner les cloches, d'énormes cloches qu'on actionnait en pesant de tout son poids sur le battant, en se cramponnant à une rambarde. De là-haut, depuis le clocher, quelle vue magnifique on avait sur la ville et ses environs !

Il y avait beaucoup d'enfants dans ma cour. J'aimais les petits et ils me le rendaient bien. À une certaine époque, j'avais des marionnettes que j'ai longtemps conservées et avec lesquelles mon fils s'est amusé à son tour dans sa jeunesse. Elles m'avaient été données par la famille d'un avocat chez qui ma mère allait faire le ménage. Bien souvent j'allais l'aider, à laver les escaliers, par exemple. On m'avait remarqué, trouvé gentil, et on me donnaient toujours quelque chose. C'est ainsi qu'on m'avait fait cadeau d'un théâtre de Guignol. Quand le temps le permettait, j'installais le castelet dans notre cour et les gosses venaient regarder le spectacle que j'improvisais pour eux, inventant toutes sortes d'histoires. Je faisais payer une ou deux billes ou bien un sou et tout le monde y trouvait son compte.

11 Rue Jeannot

Vers dix ans, je fis ma première communion. Comme nous étions pauvres, je bénéficiai d'un des dons que faisaient pour nous les commerçants aux œuvres de charité. Mon costume de premier communiant sur mesure me fut offert par la maison *Vaxelaire-Pignot* où j'allais travailler quelques années plus tard. Au moment de la prise des mesures, le tailleur me demanda si je voulais une culotte courte ou un pantalon long. Bien entendu, je choisis ce qui fut mon premier pantalon. Je suis d'ailleurs revenu après aux culottes courtes avant d'avoir la possibilité de me mettre définitivement au pantalon d'homme. Mon premier fut une espèce de pantalon de golf large du bas qu'on appelait alors *knickerbockers*. Ce fut encore un cadeau de chez *Vaxelaire*, mais d'un stagiaire, cette fois. Fils d'un gros commerçant du Nord, il m'avait pris en amitié et me paya même plusieurs fois le théâtre. Le pantalon qu'il me donna n'était plus assez bon pour lui: il avait une toute petite reprise !

***

Venant de la campagne, nous n'imaginions pas pouvoir nous passer d'un jardin. Papa en avait un à la périphérie de la ville, sur lequel il avait construit une baraque de bric et de broc qui nous tenait lieu de maison de campagne. Nous y allions en traînant une carriole qu'il avait bricolée et nous imaginions la charrette à cheval que nous achèterions quand nous serions un peu plus riches. Avec mon frère Louis, nous nous disputions pour savoir qui se mettrait devant à côté du conducteur... Il y avait encore beaucoup de circulation hippomobile; aussi, certains jours, quand nous n'allions pas à l'école, nous partions ramasser le crottin qui nous servirait d'engrais. Comme nous n'étions pas les seuls dans ce cas, nous avions parfois du mal à remplir notre carriole. Mais nous avions trouvé le moyen de la remplir à bon compte. Sur le canal de la Marne au Rhin qui passait à Nancy, quand ils n'étaient pas tirés par les mariniers eux-mêmes, les chalands l'étaient par des chevaux se déplaçant sur le chemin de halage. A l'arrêt, on les abritait dans une écurie située à bord. Nancy étant un port, on profitait de l'escale pour nettoyer les écuries. Le fumier était déposé sur le quai en attendant un enlèvement ultérieur. Nous arrivions alors avec notre carriole et nous nous dépêchions de la remplir en puisant dans le tas... Après quoi, nous avions le temps d'aller jouer dans le monde hétéroclite du port. Par la suite, les chevaux ont été remplacés par de petits tracteurs sur rail avant que n'apparaissent les automoteurs… Un hiver, il fit si froid que le canal fut entièrement gelé. Des chariots purent y passer sans dommage avec leur charge. Les gens venaient y patiner. Des marchands de marrons s'y étaient même installés. C'est sans doute cet hiver-là que mon épouse Maria, alors toute jeune fille, connut son unique expérience de patineuse sur le même canal, un peu plus à l'est, à Saverne, au pied du palais de Rohan.

Nous allions aussi parfois en forêt, au Haut-du-Lièvre, ramasser des pignes ou du bois mort que nous ramenions dans notre carriole. Un jour que, pendant les grandes vacances, j'y étais allé avec mon frère Louis, nous avions commencé à abattre un petit arbre. L'opération étant délicate, il nous fallut recommencer le lendemain pour venir à bout de notre sapin… C'est alors qu'apparut au loin la silhouette du garde forestier. Sans se démonter, Louis s'avança vers lui et lui dit : « *M' sieur, il y a un arbre qui est tombé..* —*C'est bon,* répondit-il, *vous pouvez l'élaguer et emmener les branches.* » En fait de branches, nous avons débité le tronc. Mais en redescendant, nous avons emprunté un raccourci tellement raviné que nous avons perdu en route la moitié de notre chargement !

***

Je travaillais bien à l'école. J'ai toujours été bien classé. Je suis d'ailleurs sorti premier de la classe et quatrième du canton au Certificat d'Études. L'inspecteur m'avait dit lors d'une de ses visites : « *—Mourot, vous êtes un bon élève, vous devriez poursuivre vos études. Vous pourriez facilement obtenir une bourse.* » Mais, bien que je ne fusse encore qu'un gamin, je lui répondis avec bon sens et sans détour : « *—Monsieur l'Inspecteur, je suis le dernier d'une famille nombreuse. Une bourse, c'est très bien. Cela me paierait mes livres et mes études. Mais il faudrait me nourrir, m'habiller, et mes parents n'ont pas pu le faire pour mes frères et sœurs. Ils ne pourront pas plus le faire pour moi. Fils d'ouvrier, c'est notre destinée : il nous faut aller travailler.* »

Et les vacances terminées, à 12 ans et demi, je me suis mis au travail. Louis, pour sa part, qui n'avait pas eu son *certif*, était déjà entré à la banque comme grouillot, pour y finir des années plus tard comme fondé de pouvoir. Moi, j'ai commencé comme coursier chez *Lévy*, une succursale des soieries de Lyon. Cela me plaisait. Plus tard, on m'a mis au bureau et enfin au magasin. Je touchais pour débuter un salaire de 190 F par mois. Mais c'était une entreprise où l'on ne faisait pas de vieux os. Dès qu'il fallait nous payer un peu plus, on cherchait à nous renvoyer ! À l'heure de la fermeture, notre directeur qui était encore plus impatient que nous de sortir était à la porte dès six heures moins cinq, les clés à la main, pour nous faire comprendre qu'il fallait nous dépêcher... Par la suite j'ai travaillé un temps dans les bureaux d'*Escaut et Meuse* qui vendait des pièces de plomberie et de chauffage central, puis comme vendeur de vêtements chez *Vaxelaire-Pignot*. C'est un peu plus tard que j'entrerai à la verrerie *Daum*.

A cette époque, le syndicat des patrons de Nancy avait convenu de donner aux jeunes travailleurs la possibilité de suivre un cycle de perfectionnement à l'École Municipale Primaire Supérieure professionnelle, installée près du Palais ducal. Les cours avaient lieu le matin. Ils commençaient à six heures. J'étais inscrit aux cours commerciaux. J'y eus de bons résultats : 5ème prix en juillet 1924, 4ème en 1925. A la fin de chaque séance, nous avions toujours une demi-heure à trois-quarts d'heure de battement avant le commencement du travail, à huit heures. Nous en profitions pour aller flâner dans les rues. Au moment de la foire, nous allions assister à l'installation des baraques, des manèges ou du cirque sur le cours Léopold, derrière la place Carnot.

Dans ce temps-là, la foire, c'était un monde magique avec ses attractions de toutes sortes, ses bonimenteurs, ses ménageries, ses parades, ses exhibitions, ses illuminations... Et nous ne passions pas un jour sans y aller. Souvent, nous trouvions quelques combines pour entrer ici ou là gratuitement. Par exemple, je faisais un demi-éléphant dans un numéro de clown. Malheureusement, celui de derrière, et c'est moi qui recevais les coups de fouet ! Ou encore, j'étais le courageux volontaire qui présentait la nourriture à un effrayant sauvage mangeur de chair humaine, toutes précautions étant prises « *pour que personne n'ait à en souffrir* » ! J'aimais les parades des lutteurs ou des boxeurs. Là, c'était mon frère René, alors taillé en athlète, qui se présentait comme *challenger*. On lui graissait la patte en lui remettant les gants et il se laissait complaisamment mettre K.O. Mais il revenait parfois à la maison couvert d'ecchymoses. J'étais aussi émerveillé par les tours des prestidigitateurs et autres illusionnistes du Palais des illusions et impressionné par les « monstres ». Le géant, par exemple, un jurassien colossal qui couvrait du bout de son pouce toute une pièce de cent sous en argent. Ou l'homme à deux corps, avec son petit corps annexe lui sortant de l'abdomen. Ou encore Miss Paulina, une véritable petite poupée... Il y avait aussi des chanteurs de rue, qui lançaient les dernières chansons à la mode accompagnés d'un accordéon ou d'un banjo. Parmi les manèges, je me souviens de la « Petite Suisse », une espèce de toboggan auquel on accédait par un tapis roulant. Une centaine de badauds s'agglutinaient à ses pieds en permanence pour assister au réjouissant spectacle de la montée des gens s'agrippant à la rampe et se retrouvant néanmoins cul par-dessus tête, ce qui était encore plus apprécié lorsqu'il s'agissait de jeunes filles ou de jeunes femmes ! Nous nous régalions d'*oublies* (des sortes de gaufrettes roulées à chaud), de *mascottes* (friandises pralinées allongées comme des cigares), et de croustillons hollandais. Un peu plus tard avait lieu la foire-exposition, avec ses dégustations gratuites, dont on revenait avec toutes sortes d'échantillons.

***

Après mon départ de l'école, j'avais abandonné le patronage. J'aurais bien aimé être scout, mais mes parents n'avaient pas les moyens de me payer un uniforme. Alors, avec mes copains, nous allions seuls, entre nous, camper dans la forêt de Clairieux où nous allions auparavant passer de temps en temps la journée, avec l'abbé Houin. Nous faisions cuire notre repas sur place sur un feu improvisé. Un jour, grimpé dans un arbre, je me foulai la cheville en tombant. On imagine ce que fut le retour, avec six ou sept kilomètres à parcourir à pied…

Nous faisions aussi du vélo. Nous sommes ainsi allés une fois jusqu'à Metz, à plus de 50km. Nous nous prenions pour des coureurs du Tour de France, événement que nous ne manquions pas quand il passait par Nancy. Une année, nous avons assisté au tournage d'un film sur le Tour, avec le comique Biscot qui arrivait en vainqueur, largement détaché : on le filma un peu avant l'arrivée des vrais coureurs.

Hélas, mes fréquentations n'étaient pas toujours des plus recommandables. Souvent livrés à nous-mêmes dans la rue, il nous arrivait de faire de grosses bêtises. Un jour, par exemple, nous sommes montés sur la grande fontaine de la place Stanislas et nous nous sommes mis à asperger les passants. Certains, n'ayant pas apprécié, allèrent prévenir la police qui se lança à nos trousses. N'en menant pas large, je jetai dans le premier égout rencontré le vieux revolver de la guerre que j'avais récupéré et dont j'étais si fier, quand bien même il n'avait plus de barillet… Une autre fois, sur le port, nous étions montés pour jouer dans une barge des Ponts et Chaussées. Quand l'éclusier nous surprit, les autres réussirent à se sauver mais moi, je me suis fait prendre. Il m'a emmené chez lui pour me faire peur et me donner une leçon. Alors je me suis mis à pleurer, disant que j'étais un pauvre orphelin livré à lui-même, etc. « —*Bon, ça suffit pour cette fois. Va-t'en*, m' a-t-il dit. *Mais que je ne t'y reprenne plus !* » Certains de mes camarades allaient plus loin encore. Ils « empruntaient » des autos devant le Grand Théâtre de Nancy, allaient faire un tour avec elles et les ramenaient ensuite à leur point de départ... Si j'étais resté avec eux, je crois que je serais devenu un voyou. Heureusement pour moi, quelques années plus tard, j'ai rencontré Joseph Schalck et je suis retourné avec lui à la Fraternité de la cathédrale qui m'a en quelque sorte sauvé de la rue.

***

Mon père n'avait qu'une sœur, ma tante Marie qui habitait à Nancy avec sa fille, ma cousine Raymonde, dans une grande pièce d'une vieille maison près de l'église Sainte-Epvre, près de l'endroit où aurait été découvert le cadavre à demi mangé par les loups de Charles le Téméraire. J'aimais bien y aller, en particulier parce qu' ils avaient de vieux livres illustrés dont je faisais mes délices. Quand nous allions leur souhaiter la bonne année, nous avions le droit pour nos étrennes à une pièce de 1 F **en argent.**

Ma cousine me paraissait très grande à l'époque. Quand je suis devenu adulte, elle m'arrivait à peine à l'épaule bien que je ne fusse pas très grand moi-même ! Elle s' était mariée avec un carreleur-céramiste italien de talent, qui avait commencé en France après la guerre de 14 comme mineur, Pietro Lanaro, un beau garçon que j'ai toujours bien aimé. Mais quelques jours après son mariage, elle a été frappée de paralysie. Après quelques mois, elle a heureusement retrouvé l'usage de ses membres. Plus tard, ils se sont installés dans un bel appartement de la rue des Fabriques. Mais les années passant, la tante Marie est morte, le couple s'est défait, la Raymonde s'est laissé aller et le bel intérieur est devenu presque un taudis. Beaucoup plus tard, retournant en famille en Lorraine, nous nous sommes arrêtés dans le petit village où, veuve, elle s'était retirée. Elle nous a invités à manger. Mais au moment de préparer le repas, elle n' a pas pu mettre la main sur la poêle. Quand elle a fini par la retrouver, ce fut sur le tas de fumier de la cour !

Trois petits tours

A Paris, nous avions notre tante Marguerite, une jeune sœur de Maman, mariée à l'oncle Lucien. Tous deux travaillaient à la TCRP (Transports en commun de la Région Parisienne). Ils habitaient à Saint-Ouen dans la zone des chiffonniers. Leur maison et la maison voisine d'un chiffonnier en gros étaient les seules constructions en dur au milieu d'une sorte de bidonville. Le matin de très bonne heure, on voyait toute une foule d'hommes et de femmes partir, le sac de jute sur le dos, le crochet à la main, pour la tournée des poubelles de Paris dans lesquelles ils ramassaient tout ce qui pouvait être recyclé et commercialisé. Ils revenaient en fin de matinée vendre leur récolte au grossiste qui les payait en fonction de la qualité de ce qu'ils rapportaient. Il leur est ainsi arrivé de trouver des œuvres d'art et même des bijoux... Par la suite, le chiffonnier en gros est, paraît-il, devenu très riche.

L'oncle Lucien était un vrai Parigot. Il m'emmenait parfois flâner dans le vieux Montmartre qui n'était pas encore envahi par les touristes. J'avais aussi un autre oncle, un frère de Maman, qui travaillait lui aussi à la TCRP, l'oncle Philippe, dit Lili. Quand je logeais chez lui, je l'accompagnais dans son autobus et je le suivais dans la traversée de Paris.

Dans ce temps-là, la distribution de billets de chemin de fer était affermée à des sociétés privées. Un camarade qui travaillait pour une de ces sociétés m'avait donné quelques permis de circulation —il n'y avait pas de carte d'identité permettant de contrôler les bénéficiaires. Cela me permit de retourner plusieurs fois dans la capitale. En 1925, par exemple, je pus y voir les bâtiments de la récente exposition des Arts décoratifs, ainsi que la Grande roue de l'Exposition universelle qui a été démolie un peu plus tard, alors que la Tour Eiffel tient toujours... J'y retournerais encore en 1931, au retour de mon service militaire en Algérie, pour l'Exposition coloniale. Avec mon uniforme que je n'avais pas encore rendu, je ferai mon petit effet, comme « colonial » tout à fait à sa place dans une telle exposition ...

***

Du côté de Maman, nous avions des cousins à la campagne, à Dombasle-sur-Meurthe où l'on se rendait par le tramway depuis Nancy. Il y avait le cousin, mon « oncle » Victor, la « tante » Marie, leurs filles Maria et Berthe et leur fils Victor. La mère, devenue bigote, voulait à tout prix que son fils devînt prêtre. Il est entré au séminaire, mais après le service militaire, il a tout laissé tomber et il est devenu ingénieur dans une grande usine de l'Est. Ils habitaient dans une cité Solvay où ils avaient des possibilités de petit élevage : poules, lapins, cochon... Une fois l'an, quand ils tuaient le cochon, c'était la fête à laquelle l'un ou l'autre était convié. Le jour où j'ai été invité, ils avaient sacrifié l'animal, l'avaient installé sur des tréteaux, ouvert en deux. Et j'étais là, prêt à donner un coup de main. « —*Henri, si tu veux te rendre utile, va me chercher un grand plat* ». Ce que je fis aussitôt. J'arrivai tout fier avec mon grand plat. « —*Tiens, installe-toi là* ». L'oncle me fit mettre en dessous du cochon pendu et couic ! tira sur les boyaux. Alors, toute la crotte que ceux-ci contenaient tomba dans mon plat au milieu d'un rire général. J'étais vexé ! Mais je me consolai ensuite avec les pâtés qui étaient excellents et toutes les autres bonnes choses que l'on mangeait à cette occasion.

C'est à Dombasle que je connus mes premiers émois amoureux. J'aimais Louise Viriot, d'un amour d'enfant. Elle s'est mariée par la suite et je suis allé lui rendre visite, avec mes cousins, à la naissance de son premier bébé.

J'aimais aussi ma cousine Simone. C'était la fille de la cousine Eugénie et de son mari, le Charles Dausson de Villacourt. Pour aller les voir, il fallait prendre le train et parcourir ensuite, depuis la gare de Bayon, trois ou quatre kilomètres à pied dans la campagne. Villacourt était un village disposé le long de deux rues parallèles en pente. Un jour, nous étions allés à une séance de cinéma, d'un de ces cinémas ambulants qui sillonnaient les campagnes. Assis sur un des bancs de bois de la grange qui servait de salle de spectacle, j'avais solennellement déclaré : « *Ô ! Simone, si je me marie, ce sera avec toi ou je ne me marierai jamais !* »... Nous ne nous sommes revus que bien des années plus tard. Nous étions l'un et l'autre mariés, mais pas ensemble, et elle avait eu le malheur de perdre un fils de vingt ans qui s'était fracassé le crâne en plongeant dans une piscine.

Nous avions dans le haut du village un vieux cousin très éloigné qui se nourrissait presque exclusivement de pain et d'eau-de-vie de mirabelle. Il était très gentil avec nous. Un jour, à Nancy, nous recevons un télégramme avec ces mots : « *Cousin décédé, enterrement tel jour.* » Sans réfléchir nous pensons qu'il s'agit de ce vieux cousin. Papa prend un jour de congé, nous allons commander une couronne comme on en faisait alors, avec des petites perles de verre, et nous voilà partis le lendemain, Papa et moi, par le train. A l'arrivée à Bayon, Papa, à son habitude, s'arrête au café pour y boire un petit coup. « *—Tiens, le Père Mourot ! Où est-ce que vous allez comme ça?* lui demande le cafetier qui le connaissait *—Ben, nous allons à l'enterrement du père Bauer. — Ah ! il est mort? —Bah ! oui. On a reçu un télégramme qui nous l'annonçait. —Tiens, cela ne fait pourtant pas longtemps que je l'ai vu. Et il se portait comme un charme. Ah ! On aura beau dire : on est quand-même peu de chose sur cette terre..* » Là-dessus, nous prenons la route, à pied, dans la campagne. En arrivant en haut du village, nous frappons à la porte du vieux cousin. Et qui vient alors nous ouvrir ? Le cousin Bauer en personne ! Étonnement réciproque. Explications... «*Ah ! mais j'y suis, s'écrie-t-il, c'est d'un cousin de Dombasle qu'il s'agit. Cela n'a rien à voir avec nous !* » Du coup, nous sommes entrés boire un verre à sa santé et il n'est mort finalement qu'un an et demi après. C'est tout seul, sans Papa, que je suis allé à son enterrement.

***

En fin de compte, mon meilleur copain, c'était Papa.

Il avait eu une jeunesse difficile. Son père, ouvrier agricole, était mort jeune, en tombant d'un arbre dans une vigne, sur des échalas. Sa mère avait dû l'élever seule, aidée de sa sœur Marie. Comme soutien de famille, il n'avait fait qu'un an de service militaire, alors que les autres en faisaient trois. Encaserné à Nancy, il n'est jamais rentré manger chez lui. Au contraire, il ramenait de la nourriture de la caserne quand il en avait l'occasion. Il avait appris le métier de mouleur en fonte et commencé à travailler aux fonderies de Pont-à-Mousson. Son travail consistait à modeler dans le sable les moules à l'intérieur desquels étaient coulées, à la sortie des hauts-fourneaux, les différentes pièces mécaniques qu'on fabriquait alors. C'est mon frère René qui, plus tard, vendra ses spatules et autres outils pour s'acheter à boire...

Maman, elle, venait d'une famille ouvrière. Tous ses frères, cinq je crois, travaillaient à Marnaval, près de Saint-Dizier, dans la Haute-Marne, où fonctionnaient des hauts-fourneaux et des fonderies. Son père était mort jeune aussi, ce qui fait que je n'ai pas eu la chance de connaître mes grands-pères. Quant à ma grand-mère Bouvel, je ne l'ai vue qu'une seule fois, à l'occasion de ma première communion. Elle m'avait acheté des brioches « collées ».

Papa était gentil avec nous. Mais il lui arrivait de se mettre en colère et alors, il en disait plus qu'il en faisait. Si une ou deux fois j'ai reçu une gifle, c'est que vraiment je l'avais méritée ! Un jour, je ne sais plus pourquoi, il m'avait lancé à la figure son bol de soupe à travers la table. Heureusement, j'avais baissé la tête à temps... Il nous racontait sa jeunesse et toutes sortes d'histoires. Avec Louis, nous nous glissions à côté de lui dans le lit, le dimanche matin, et nous rêvions ensemble. J'aimais sortir avec lui. Souvent, le lundi, il allait boire sa petite chopine en ville. A côté de son café favori se trouvait une pâtisserie. Il me donnait cinquante centimes et j'allais y acheter des gâteaux rassis, des biscuits secs. Quand il n'y en avait pas assez de rassis, la marchande m'en ajoutait quelques uns pris parmi les frais.

Nous allions aussi nous promener en forêt. Nous partions le matin et nous parcourions parfois vingt ou vingt-cinq kilomètres à pied —c'était une époque où l'on savait encore marcher ! Ou nous passions des après-midi au jardin. Ou encore nous allions canoter sur la Meurthe dans des barques de location ou bien simplement nous y baigner. Une fois, je me suis coupé le pied sur un tesson de bouteille. La plaie s'est infectée et j'ai été arrêté pendant quinze jours.

Comme moi, Papa aimait bien le cinéma, à l'époque encore muet. Bien souvent, le soir, à table, j'avais envie d'y aller. J'appelais: « *Papa !* » et je dessinais en l'air avec mes mains la forme d'un écran. Il comprenait et disait à Maman : « *Tiens Marie, ce soir, je vais aller au cinéma avec notre gros* ». « Notre gros », c'était moi, avec ma bonne bouille ronde. Et nous partions au spectacle. Il emportait avec lui une petite chopine de vin dont il lampait quelques gorgées à l'entracte.

Plus tard, quand je commençais à gagner un peu d'argent, avec un copain, le dimanche, nous enchaînions les projections. Nous allions d'abord au *Majestic*, un grand cinéma avec plusieurs appareils permettant une projection continue. Ensuite nous courions à cinq kilomètres de là, place Carnot, où existait encore un vieux cinéma, le *Nancéa*, où l'on entrait pour beaucoup moins cher, mais qui ne fonctionnait qu'avec un seul appareil ; il fallait redonner la lumière à chaque changement de bobine. Pendant la guerre, Papa connaissant le gérant de ce cinéma, nous pouvions y entrer sans payer. Nous y allions ensemble, lui me portant sur ses épaules, une petite lanterne à huile à la main, la ville étant plongée dans l'obscurité à cause de la proximité du front... J'allais ainsi voir quatre films dans l'après-midi. Par exemple, en 1924, au *Majestic*: « *La montre d'émail* », « *Les morts ne parlent pas* » et au *Nancéa* : « *La prisonnière* » et

« *Zigotto-roi* ». On allait aussi au *Ciné-Palace* où on pouvait voir des films plus sérieux comme « *On ne badine pas avec l'amour* ».

J'allais parfois aussi au théâtre municipal, où je vis en janvier 1924 « *les Saltimbanques* ». Ou à la *Grande Taverne*, pour la revue « *Ohé ! Joséphine* », par exemple, ou encore au cirque, à la piscine et même dans les musées, comme le Musée Lorrain. Il nous arrivait d'enfiler les distractions, comme ce dimanche de juillet 1924 où nous avons commencé, Papa et moi par regarder défiler les gymnastes place de la Carrière avant d'aller à l'exposition du travail, salle Poirel, et de terminer la journée au jardin. Bien jeune encore, il m'est même arrivé d'aller au bal, comme ce samedi de mai 1924 où, âgé de 14 ans, j'ai accompagné mes sœurs Lucie et Marguerite au Bal des Voyageurs pour ne rentrer que vers 4 h du matin !

Vers 15-16 ans, j'ai fait une fugue. J'étais à cet âge difficile où l'on cherche à s'affirmer contre ses parents. J'avais l'impression d'être brimé. Je m'accrochais avec tout le monde. Aussi, un jour, en fin de mois, alors que je travaillais à *Escaut et Meuse*, je gardai ma petite paie, je fis mon baluchon et je pris le train pour Paris. J'avais lu qu'on y demandait des garçons d'épicerie, rue Pierre Lescot, et j'étais prêt à tenter ma chance dans la capitale. Mais, en arrivant, quelle ne fut pas ma désillusion ! On demandait bien des garçons d'épicerie, mais **présentés par leurs parents** ! Complètement démoralisé, je repris *illico* le premier train pour Nancy. Mais en revenant, la queue entre les jambes, je me demandais ce que la famille allait dire et surtout ce que **Papa** allait dire... À mon arrivée rue Jeannot, je me cachai dans la cave et j'attendis qu'il fût parti au travail. Je montai alors retrouver Maman qui m'ouvrit grand les bras. Pensez si elle était contente ! C'était le retour de l'Enfant prodige. Quant à Papa, comme les frères et sœurs, il était si content du retour de « *not' gros* » qu'il a fait comme si rien ne s'était passé.

Plus tard, comme tous les jeunes gens, je voudrais voler de mes propres ailes et je délaisserais progressivement mon père. À présent, il me manque. J'aurais pu lui faire la vie belle. Et que dirait-il s'il voyait toutes les innovations techniques qu'il n'a pas connues et qui auraient pu lui rendre la vie tellement plus légère ?

Sion 1932- Avec la Fraternité de la Cathédrale. Au centre l'abbé Picot

Chapitre II
À L' OMBRE DE LA CATHÉDRALE

En entrant chez Daum, le fameux verrier de Nancy, je changeai complètement de travail. On m'affecta au bureau et je conquis très vite l'estime de Michel Daum, l'un des jeunes de la famille, de dix ans mon aîné. Je découvris alors un vrai métier, passant successivement dans tous les services, m'initiant à la fabrication, à la découpe, à la gravure, à la préparation des poudres colorantes, à la décoration, à tout ce qui touchait au travail du verre, à l'apogée du « *modern style* ». J'eus même à diriger un petit chantier et je mis au point un procédé pour découper le verre en limitant la casse... Le travail me plaisait et j'étais bien payé. Au moment de mon départ, je touchais 725 F par mois, alors que mon frère Louis, à la banque en gagnait à peine 500. Entré à 17 ans, j'y suis resté jusqu'à mon départ pour le service militaire et je devais en principe y retrouver ma place à mon retour. Hélas, les difficultés de la conjoncture économique en décidèrent autrement.

***

Vers dix-sept ans, en 1937, j'étais un passionné de la TSF, la *téléphonie sans fil*, comme on appelait alors la radio. À Paris, mon oncle Lucien, le mari de ma tante Marguerite, comme nombre d'amateurs en France à ce moment-là, montait lui-même des récepteurs. Aussi lui avais-je demandé de m'en fabriquer un, ce qui lui était revenu à 700 F, au lieu des 1200 F que cela valait dans le commerce. C'était cependant une somme importante pour l'époque, l'équivalent d'un mois de mon salaire, que je lui réglai à tempérament. Il me fit d'ailleurs cadeau des derniers versements. C'était un poste à galène. Pour une réception correcte, il fallait une antenne d'au moins 30 m. Comme le propriétaire de notre logement me refusait la possibilité d'en installer une sur le toit, j'avais profité de la disposition en enfilade des pièces de la maison pour percer des trous dans les cloisons et installer mon fil. Pour l'alimentation, il fallait un accumulateur de 5 volts que l'on faisait recharger tous les mois et une pile de 60 volts qui durait environ six mois. Cela fonctionnait bien mais c'était compliqué. Il fallait déplacer des bobines de fils suivant la longueur d'ondes qu'on désirait capter et régler à la main un curseur pour rechercher les stations. Je réussis un jour à capter l'Amérique et un autre la Russie. Pour l'audition, j'avais au choix entre un haut-parleur ou un casque. Et il m'est arrivé plus d'une fois de m'endormir avec le casque sur les oreilles... Dans les années qui précédèrent mon service militaire, quand j'allais travailler à la campagne chez des cousins pendant l'été, j'emmenais mon attirail et le soir, après le travail, les gens du village venaient écouter les émissions. Même à Nancy, peu de monde avait la TSF. Mes copains venaient souvent le dimanche à la maison pour l'entendre, et suivre en particulier les sermons de carême sur *Radio Paris*. Pour populariser ce nouveau moyen de communication, des démonstrations furent organisées dans les principales villes de France, avec des camions spécialement équipés pour l'occasion. À Nancy, ils s'installèrent sur la place Stanislas. Et l'on vit jusqu'à 50 000 personnes rassemblées pour écouter la musique venue de Paris **sans fil**.

J'aimais bien la musique. Aussi étais-je content quand mon beau-frère Fernand, le mari de ma sœur Marguerite, me prêtait son phono, un phonographe à aiguille et manivelle sur lequel on écoutait de lourdes galettes de 78 tours ...

Dans mon immeuble, quelqu'un faisait de la photographie. Je lui achetai, pour une somme modique, tout l'attirail du parfait photographe pour la prise de vue et le développement : un appareil à plaques, avec pied et voile noir, ainsi que le matériel pour faire des photos comiques ou artistiques. C'était un plaisir, quand on trempait les plaques de verre recouvertes de gélatine dans le bain d'hyposulfite, de voir apparaître les images. Mais pour moi, dans notre appartement au confort rudimentaire, le développement n'était pas une mince affaire. Je m'enfermais dans l'alcôve de ma chambre et je bouchais tous les orifices de manière à ce qu'aucune lumière ne pénétrât dans mon réduit. Je m'éclairais avec une lanterne à bougie dont les vitres avaient été badigeonnées de rouge. Si bien qu'après chaque développement, je sortais de mon « laboratoire » à demi asphyxié.

C'était l'époque des débuts de l'aviation. Je suivais les raids à longue distance de Pelletier d'Oisy, dit Pivolo. Je tremblai pour Nungesser et Coli par exemple, lorsqu'ils entreprirent leur traversée de l'Atlantique sur *l'Oiseau blanc*, en 1927, pour disparaître sans laisser de traces. Un peu plus tard, j'écoutai à la TSF le reportage de l'arrivée à Paris de Lindbergh qui réussira la première traversée, sur son petit monomoteur, *the Spirit of St Louis*. Je ne manquais pas les meetings aériens, celui de Jarville, par exemple où j'étais allé avec ma tante Marie. J'étais impressionné par les acrobaties des pilotes, souvent auréolés de leurs succès au cours de la guerre. Un jour, je suis même monté, sans voler, dans un avion de la base du 21ème régiment d'aviation de Nancy, un Lieuret-Ollivier, un avion qui avait si mauvaise réputation qu'il fut interdit de vol à la suite de trop nombreux accidents.

***

C'est à ce moment que je suis revenu au « patronage », situé à côté du local de la Loge maçonnique, à quelques pas de la « Maison du peuple », devant laquelle se réunit, en 1927, avant d'envahir la place St Georges, la foule des manifestants exigeant justice pour les anarchistes américains injustement condamnés à mort, Sacco et Vanzetti. À Nancy, dans ce temps-là, le parti clérical tenait le haut du pavé. Puissantes en dépit de la loi de Séparation des églises et de l'État de 1905, les organisations catholiques quadrillaient la ville, menant la bataille idéologique contre les gauches et la Franc-maçonnerie. La *Fraternité de la Cathédrale* —c'était le nom du patronage— regroupait ce qu'elle pouvait de la jeunesse masculine et ce fut pour moi l'occasion de donner un sens à ma vie. Sous la houlette de jeunes abbés dynamiques bardés de certitudes, avec mes amis Joseph Schalck, André Vogel, André Chrétien et bien d'autres, nous pouvions faire du théâtre, suivre les conférences du Cercle d'Études ou encore partir en excursion.

Notre répertoire théâtral était héroïque, édifiant ou mélodramatique. Nous jouions, nous chantions, nous montions les décors. La première pièce que j'ai jouée retraçait la vie du Père de Foucault. La figure barbouillée de brun, je jouais le rôle du traître Madani. Nous l'avons interprétée plusieurs fois, toujours devant une salle comble. J'ai aussi joué dans un mélo, « *L'heure de Dieu* », le rôle d'un chemineau accusé d'un crime qu'il n'avait pas commis. Et je chantais: « *...il planta sa terrible la-a-me, dans ...la miche de pain.* » Dans je ne sais plus quelle pièce « historique », je devais faire irruption sur scène en passant par la fenêtre. Ma prestation fut si dynamique... que j'en déchirai le fond de mon collant trop bien ajusté ! Je dus alors développer des prodiges d'ingéniosité pour ne jamais tourner le dos au public lorsque je chantais, les fesses à l'air : « *Tu seras pa-ge de-e la reine, tu peux le croi-r' en vé-é-rité, ce rê-ve foi de ca-a-pitaine sera réa-lité.* »

Pour une autre de ces superproductions, Anna, la femme de Joseph Schalck, nous avait fait cuire un poulet aux marrons que nous devions dévorer en scène. Nous lui fîmes honneur, mais je dus avaler, en même temps que le poulet et le vin qui le faisait descendre, quelques poils de ma fausse barbe, tant et si bien qu'après le spectacle j'ai été malade comme un chien. Chaque année, à Pâques, nous partions pique-niquer à la campagne, et nous préparions une petite pièce pour ce jour-là. C'est d'ailleurs en plein air, à la Sapinière, à l'occasion d'une fête organisée par le Patronage, qu'il fut donné à celle qui allait devenir ma femme, de me voir pour la première fois, en l'occurence sous l'uniforme d'un grognard de l'Empire, shako sur la tête et sabre à la main...

Dans un autre registre, mes connaissances professionnelles me permirent de donner un jour, dans la salle de spectacle, une conférence avec projections sur la verrerie.

***

À L'OMBRE DE LA CATHÉDRALE

Et je connus ma période mystique.

Déjà, étant petit, j'avais été enfant de chœur. Cela me permettait de gagner quelques sous et surtout de ramener ma provision de petits bouts de cierges pour éclairer mes lectures du soir, dans l'alcôve où j'avais mon lit. En 1920, lors du Congrès Eucharistique organisé dans une grande plaine à la limite de la ville, j'avais eu l'occasion de voir le futur pape Pie XII, Monseigneur Pacelli, alors nonce apostolique, et de servir un nombre incalculable de messes pour des archevêques ou des cardinaux. A chaque fois, l'office terminé, ils me donnaient une petite pièce dont je savais faire bon usage...

A 18 ans j'étais moins matérialiste. Les abbés de la Fraternité, d'ailleurs, ne se contentaient pas de nous procurer de saines distractions, ils s'occupaient aussi de nos âmes : les lettres que m'a adressées l'abbé Picot, le responsable de notre groupe, pendant mon service militaire, en 1930, peuvent en témoigner. Exemple : *« Cher soldat, 12 novembre. Lendemain de séance. Je suis libre, je pense aux absents. Oui, hier, soir de l'Armistice, nous avons eu une splendide réunion. La salle n'a jamais été aussi remplie. Le président, M.Roy, était collé contre le piano. Pas d'allée. Au fond, des gens montés sur les armoires. L'intérêt fut apporté non seulement par le théâtre, mais surtout par le cinéma. Et du vrai cinéma, par un professionnel qui avait tiré lui-même les films projetés: 1) obsèques de Mgr de la Celle; 2)pose de la première pierre du clocher de St Vincent de Paul par Mgr de la Celle; 3) procession du St Sacrement au Sacré-Cœur. Parfait !! Cela va devenir une tentation pour moi... et sûrement je céderai.. .au moins de temps en temps. Le mois prochain: conférence avec projections sur le Congrès Eucharistique de Carthage, par un congressiste,(...), ancien vicaire à la cathédrale, actuellement professeur au grand Séminaire. Le cercle est bien parti. M. Antoine a terminé en beauté sa 3ème conférence sur le général de Souis. M.Consigny a commencé son exposé sur l'école. Voici à peu près les divisions de son sujet: 1-Une réforme est nécessaire- Les journaux eux-mêmes parlent de bourrage de crâne. 2- Réforme proposée avec une volonté de persécution religieuse, l'école unique. 3- Les réalisations accomplies de ce projet. 4-Le projet catholique. De plus, nous allons ouvrir un cours par correspondance, avec Paris. Il faut que tu y prennes part. Je t'enverrai les détails. Je songerai à t'expédier des brochures. Mais vite, fréquente l'aumônier, un peu, même plus que le vicaire de la cathédrale.(...). Je ne t'oublie pas auprès de Notre Seigneur »*.

Il nous arrivait d'aller en pèlerinage. Nous ne pouvions manquer celui de Sion. Là, sur la « colline inspirée » chère à Maurice Barrès, nous allions prier Notre Dame au culte de laquelle était vouées les « chères sœurs » d'un couvent. De temps à autres, nous étions conviés à des « retraites ». Les prêtres disposaient pour cela d'une vaste propriété, *le Grand Sauvoy*, au Haut du Lièvre, dans la périphérie de Nancy. Ceux qui le souhaitaient pouvaient y passer deux ou trois jours de prière et de méditation. J'y suis allé plusieurs fois sans jamais rien payer. L'abbé Picot savait que je n'avais guère le sou et prenait ses dispositions en conséquence. Je dois dire que j'en ai gardé un excellent souvenir.

En décembre 1928, au moment de Noël, malgré la défection d'un camarade avec lequel je devais y aller, j'y étais monté seul. Après une demi-heure de marche à travers la ville et une ascension de plus en plus rude j'étais arrivé à la porte de l'ermitage. À mes pieds, Nancy, m'était apparue dans sa sombre majesté, comme un monstre aux mille yeux phosphorescents. Au loin, sur la gauche, le ciel était illuminé par les hauts-fourneaux et aciéries de Frouard et de Pompey. Devant ce spectacle grandiose, je réalisais que c'était l'œuvre de Dieu, et que « *si, par colère, il voulait se venger de l'humanité qui le bafoue et l'humilie, tout ceci, il pourrait le détruire en moins de temps qu'il ne faut pour respirer* »... Sans tenir compte des aboiements du chien de garde j'étais entré, accueilli par un domestique qui m'avait présenté à la compagnie. À la suite d'un quiproquo, je m'étais retrouvé être le seul laïc au milieu de tout un aréopage de prêtres du diocèse.

On m'avait installé dans ma cellule et j'avais fait la connaissance de ceux dont j'allais partager l'existence. Mon directeur de conscience était un vieux dominicain chaleureux qui avait énoncé cette réflexion dont je me suis inspiré toute ma vie : « *Dieu a fait des bonnes choses. Il faut savoir en user... sans en abuser !* » J'en avais usé car les bons pères aimaient et savaient bien manger. Pendant trois jours, j'ai vécu au rythme des offices, des adorations du Saint-Sacrement et des méditations, ponctués par les sonneries de la cloche. Je devais me persuader qu'il me fallait me soumettre entièrement à Dieu, « *maître tout-puissant mais plein de bonté* »...

J'avais eu l'agréable surprise de la visite de l'abbé Houin, l'ancien vicaire de la cathédrale qui m'avait préparé à ma Première Communion. Il s'était occupé de nous quand j'étais au petit patronage. Il était devenu curé d'une paroisse du côté de Malzéville. C'est là qu'un jour je suis allé le voir, à l'occasion d'une réunion de la Jeunesse ouvrière chrétienne, et que j'ai assisté à une conférence de Robert Schumann, le futur président du Conseil initiateur de l'Union européenne, alors président de la JOC. Au premier rang, un auditeur s'était assoupi. Lorsqu'un tonnerre d'applaudissements accueillit les propos de l'orateur, il se réveilla brusquement, se leva d'un bond et se mit à faire fébrilement le signe de croix. Il se croyait arrivé à la fin de la réunion !

J'avais dû méditer sur ma condition de pêcheur et en tirer la conclusion qu' « *il me fallait remercier Dieu qui dans sa bonté divine ne m'avait pas puni sévèrement comme je le méritais...* ». J'avais ainsi passé Noël à méditer sur la mort, l'enfer, la Grâce… et heureusement à partager le festin servi le 25 au réfectoire. Après une ultime méditation, j'avais repris le soir le chemin de Nancy.

L'année suivante, à l'issue d'une autre retraite, j'avais noté ces bonnes résolutions :

« *Montrer le bon exemple.*
- *chez moi (obéissance, respect envers mes parents, charité envers mes frères et sœurs)*
- *au cercle d'études et à la Préparation militaire. (ne pas blaguer à tort et à travers*

« *Me soumettre à la volonté de Dieu se faisant connaître par la personne du prêtre.*

« *Communier tous les quinze jours.*

« *Voir mon directeur spirituel le plus souvent possible*

« *Que la Sainte-Vierge m'aide à bien tenir ces résolutions, par Jésus-Christ Notre Seigneur*

« *N.D. du Sauvoy, le 19 mai 1929* »

***

Un peu avant d'atteindre l'âge de l'appel sous les drapeaux, j'avais suivi des cours de préparation militaire pour avoir le droit de choisir mon affectation. Souhaitant me débarrasser au plus vite de mes obligations militaires et être en mesure de m'engager durablement dans l'existence, j'avais devancé l'appel de six mois. J'étais allé me présenter au bureau de recrutement et j'avais demandé à être affecté au 45ème bataillon du génie d'Hussein Dey, dans la banlieue d'Alger, dont j'avais entendu dire du bien, notamment par mon ami Paul Perrignon. On me répondit que c'était complet et qu'on ne pouvait accéder à ma demande, ce qui me déçut fortement. Mais mon ami M. César, le chef de fabrication de chez

Daum, me fit remarquer que nous avions parmi nos stagiaires le fils du général Denain, le commandant de la place de Nancy. Pourquoi ne pas lui demander d'intervenir en ma faveur ? Je le fis aussitôt sans vergogne. Il sortit alors de sa poche une carte de visite où il inscrivit ces quelques mots: « *L'adjudant de réserve Denain demande à Monsieur l'officier de recrutement de bien vouloir accéder aux désirs de M. Mourot.* »

Je retournai au bureau de recrutement, muni de ce précieux sésame. Alors que les fois précédentes je m'étais régulièrement fait éconduire, j'eus alors droit aux sourires et à l'empressement : « *—Asseyez-vous Monsieur. Où désirez-vous aller? Vous voulez certainement rester près de vos parents à Nancy... — Ah ! non, mon capitaine, moi, mon rêve ce serait d'abord d'aller en Algérie, pour voir du pays, et ensuite d'être affecté au 45ème Génie d'Hussein Dey, au dépôt de télégraphie militaire, puisque j'ai fait la préparation militaire de télégraphiste-téléphoniste ... —Pas de problème ! On vous a refusé parce qu'il n'y avait pas de place ? Nous allons arranger cela. Il doit bien y avoir un moyen de vous y envoyer en surnombre.* » Aussitôt dit, aussitôt fait. « *—Quand voulez-vous partir ? — Oh ! pas immédiatement, mais peut-être que dans huit jours... — Parfait. Voici votre ordre de route pour la semaine prochaine. Destination: Hussein Dey* ».

***

Chez Daum, ce fut la surprise. Comme je paraissais plus vieux que mon âge, ce qui me permettait de commander des personnes bien plus âgées que moi, on ne voulait pas croire que je partais pour mon service militaire. On croyait que je ne m'absentais que pour une courte « période ».

Mais le 24 octobre 1930, un peu inquiet malgré tout, c'était bien pour un an de service militaire que je quittai ma famille sur le quai de la gare de Nancy.

Hussein Dey 1930- Au Foyer du Soldat

Chapitre III
Au soleil de l'Algérie Française

J'ai eu vingt ans au « temps béni des colonies », à l'heure du colonialisme triomphant et des colonialistes sans états d'âme. N'ayant jamais quitté ma Lorraine natale que pour quelques brèves escapades parisiennes, gorgé des récits publiés dans le « *Journal des Voyages* », par exemple, et de toutes sortes de romans d'aventure, je partis pour l'Algérie avide de dépaysement et d'exotisme au soir d'une triste et pluvieuse journée de fin d'automne. Après un dernier baiser à ma mère dont les recommandations m'accompagnaient, je m'étais rendu à la gare, accompagné de mon père et de ma petite sœur Jacqueline (Linette) née tardivement et alors âgée d'environ 6 ans, dont je m'étais souvent occupé et qui m'aimait beaucoup . Elle ne voulait pas que je parte et menaçait d'arracher les yeux de Papa pour qu'il ne me laisse pas partir ! J'ai conservé, tapé sur la machine à écrire de mon bureau à Hussein Dey, le récit de mon départ vers l'aventure que je puis ainsi reconstituer fidèlement.

Trois petits tours

Derniers adieux sur le quai. Le sifflement du train m'oblige brusquement à les abréger. Je suis accompagné de mon camarade Gilbert qui se rend à Oran, alors que ma propre destination est Alger. En déambulant à travers les couloirs des wagons, nous ne tardons pas à rencontrer d'autres amis se dirigeant aussi vers Marseille. Nous commençons une belote, mais la faim nous fait lâcher les cartes et nous déballons nos provisions. Celles-ci avalées, chacun y va de sa chanson; je crois que c'est plutôt pour cacher notre peine que nous simulons la joie. La partie de belote reprend, mais je la déserte pour essayer d'identifier les villes que nous traversons. Comme il fait nuit noire, je me lasse vite et je me joins à mes camarades qui font maintenant un chahut endiablé.

Minuit. Nous arrivons en gare de Dijon.. Changement de train. Comme nous avons une heure devant nous, nous en profitons pour aller faire un tour en ville. La pluie qui se met à tomber nous oblige à nous abriter dans un café encore ouvert malgré l'heure tardive. Et nous pouvons rédiger un petit mot à l'intention qui de ses parents, qui de sa fiancée. Comme la pluie continue à tomber, nous réintégrons la salle d'attente où, nous servant d'une valise comme table de jeu, nous entamons une nouvelle belote, interrompue par l'arrivée de notre train.

Nous parvenons à nous caser tant bien que mal dans un compartiment. Le train est bondé car nous sommes sur une grande ligne. Mes compagnons de voyage sont très divers : des Italiens, des arabes et des méridionaux. J'essaie de dormir; mais la perspective d'un si long voyage, la séparation de mes parents, de mes amis, pendant une si longue année me travaillent le cerveau et je ne puis trouver le sommeil. Le bruit monotone du train passant sur les rails me berce et je finis par m'assoupir à l'aube. À mon réveil, ne voulant pas manquer le spectacle de la vallée du Rhône que nous suivons depuis Lyon, je m'empresse d'aller dans le couloir d'où je peux tout admirer à ma guise. La pluie a cessé de tomber et le soleil cherche à percer les quelques nuages qui obscurcissent encore le ciel.

À partir d'Avignon, le soleil qui à présent nous réchauffe nous prouve que nous arrivons dans le Midi. Le paysage lui aussi a changé et diffère sensiblement du paysage lorrain. On commence à voir de ces nombreux cyprès dont les paysans se servent pour abriter leurs terrains du vent ; on rencontre aussi de grands champs de citrouilles et des vignobles en grande quantité ; on aperçoit sur la route d'étranges voitures aux formes inconnues chez nous.

Après Arles , nous croisons un train complet de goumiers qui se dirige vers le Maroc. Vers 9 h nous apercevons une grande étendue d'eau que le soleil fait miroiter: est-ce la mer ? Non, pas encore, c'est le grand étang de Berre que nous contournons pendant une demi-heure. Nous apercevons sur son bord les grands hangars de la base d'hydravions. Le soleil est maintenant brûlant, mais dans la plaine souffle le mistral . Vers 10 h, nous atteignons enfin la mer et un quart d'heure après, nous débarquons à Marseille.

**

À la sortie de la gare, on nous regroupe pour nous faire attendre plus d'une demi-heure pendant laquelle nous sommes assaillis par une nuée de camelots offrant stylos, cartes, bimbeloterie et de l'élixir contre le mal de mer. Le mistral souffle de plus en plus fort et nous sommes aveuglés par la poussière qu'il soulève. Enfin l'ordre est donné du départ vers le D.I.M. (le dépôt des isolés métropolitains), notre lieu de destination.

Nous traversons des quartiers d'une malpropreté générale : rues mal balayées, dépôts d'ordure un peu partout et du linge pendu à toutes les fenêtres. Après une marche de 4 ou 5km dont je fais une partie en voiture, ayant trouvé un arabe complaisant, nous arrivons au dépôt de la caserne Sainte Marthe qui ressemble à un petite ville, tant il y a de baraquements. On nous fait encore attendre une bonne demi-heure avant qu'on se décide à nous donner à manger. Comme nous sommes plus de six cents rationnaires, il nous faut encore attendre une demi-heure avant de pénétrer dans le réfectoire. Nous arrivons enfin à trouver une place, mais alors, quel spectacle ! La table est couverte de poussière par la faute du mistral. Notre premier repas militaire est infect. Heureusement, je réussis à me procurer deux bouteilles de vin buvable qui nous rend un peu de l'euphorie perdue.

A la fin du repas, en flattant le chef de table et en lui offrant une cigarette, je réussis à éviter la corvée de vaisselle (à l'eau froide, avec tout juste un peu de sable). Après une après-midi d'attente, on prend nos noms et, en prévision du voyage, nous touchons un chandail et une capote à enfiler au besoin sur nos vêtements civils. Après la soupe du soir, qui n'est pas meilleure que celle de midi, nous pouvons explorer notre nouveau domaine pour quelques jours. Au camp Sainte-Marthe se côtoient des soldats de tous les corps coloniaux, des Sénégalais, des arabes, des Annamites, etc. Il y a deux « cantines » peu reluisantes. Le Foyer de l'UFA. possède aussi un baraquement, en mauvais état mais avec un piano sur lequel des virtuoses en herbe accompagnent des chanteurs improvisés dans leur répertoire régional. Tous les coins de France se trouvent réunis ici : des Bretons, des Parisiens, des Ch'tis, des Auvergnats, des Mokos (c'est à dire des Provençaux), sans oublier les Lorrains.

Très tard dans la soirée, nous rejoignons la baraque que l'on nous a désignée pour la nuit. Je suis séparé de mon ami Gilbert car nous sommes groupés selon notre destination. Après l'extinction des feux, après avoir évoqué la capitale avec deux Parisiens, je ne tarde pas à m'endormir d'un profond sommeil.

***

« *Soldat lève-toi, soldat lève-toi, soldat lève-toi bien vi-te...* » Le clairon me tire brusquement de mon rêve et me rappelle à la triste réalité ! Je m'habille prestement, mais je ne peux pas faire autrement que de participer à une puérile bataille de polochons. Deux volontaires vont nous chercher le « jus ». Je me réjouis d'avance de boire un bon quart de café... Mais, pouah ! Dès la première gorgée, je suis obligé de déchanter: il n'a rien à voir avec celui de la maison ! Après quoi, nous devons faire un brin de toilette à un lavabo en plein vent. Mais il n'y a qu'une douzaine de robinets pour plusieurs centaines d'hommes. Heureusement que quelques uns sont fâchés avec l'eau ! La toilette terminée, je commence à déambuler tristement à travers le camp. Le mistral souffle toujours. Depuis l'endroit le plus élevé, on peut admirer la mer et la cité phocéenne que nous désirons visiter au plus tôt. Après avoir vainement essayé de sortir avec une « fausse perm' » je réussis à m'en faire signer une vraie par un capitaine, soi-disant pour aller à la messe.

En compagnie des deux Parisiens, nous partons à la découverte de Marseille où nous n'avons jamais mis les pieds. Nous en profitons pour envoyer quelques cartes postales à nos familles. Après un bon repas au restaurant, le ventre bien garni, un cigare au bec, nous allons flâner sur le Vieux port, auquel conduit la Canebière. L'ancien pont transbordeur domine de sa haute silhouette métallique les deux forts qui gardent l'entrée. De jolis bateaux de pêche et des embarcations de plaisance sont amarrés au quai. Nous ne pouvons pas aller au Château d'If car la mer est, paraît-il, trop mauvaise aujourd'hui.. Nous nous consolons en allant faire un tour dans le quartier des maisons closes. Aux abords de celles-ci, pullulent les souteneurs. Il y en a de toutes les couleurs, des blancs, des noirs, des jaunes. Les rues sont tellement sales et resserrées que nous hésitons à y pénétrer. Mais la curiosité l'emporte... Quel tableau ! Je ne crois pas qu'il y ait de quartiers aussi dégoûtants dans d'autre villes. Le milieu de la rue est jonché de toutes sortes de débris, sans doute parce que l'étroitesse de la voie empêche les balayeuses automatiques d'y pénétrer ! J'avais déjà lu des reportages sur ces quartiers mais c'est encore plus répugnant que je l'imaginais...

Le retour au camp se passe sans trop de difficulté malgré notre retard. Il est vrai que nous glissons quelques pièces parmi les perm' que nous rendons au planton. Arrivé à mon baraquement, j'apprends que nous avons changé de chambre ; heureusement qu'un camarade complaisant s'est chargé de mes affaires ! Je retrouve Gilbert, et le restant de la soirée se passe tristement à la cantine et au Foyer du Soldat, où nous pouvons difficilement nous faire servir. Apprenant que nous devons prendre le paquebot le lendemain, nous achetons quelques provisions. Et nous nous couchons dans notre nouvelle baraque. Comme elle n'a pas de vitre et qu'il fait froid, je me couche tout habillé.

***

« *Soldat lève-toi, soldat...* » La sonnerie me paraît un peu moins brutale. Il est vrai qu'on s'habitue à tout. Le café bu, ma toilette terminée, je rassemble mes affaires. On nous parque dans la cour où nous recommençons à attendre ! 8 h... 9 h... 10 h... Un capitaine commence à faire l'appel pour nous emmener. Mais comme nous sommes très nombreux, une grande partie reste en plan, dont je suis. Gilbert me quitte et je ressens un petit serrement de cœur : c'était un bon copain.

Je ne réintègre pas la baraque où nous avons dormi la veille, car on s'est plaint qu'il y faisait trop froid. Alors, pour la première fois depuis que nous sommes ici, on nous affecte une baraque convenable, mais sans lits: nous couchons sur des bas-flancs garnis de matelas.

Le lendemain se passe à écrire, à lire et à errer dans le camp. A midi, étant allé manger au réfectoire, je ne puis éviter la corvée de vaisselle, la première mais pas la dernière. L'après-midi, entendant un gradé nous distribuer du travail, je disparais de la circulation... Le soir, seul, mes amis partis, je m'enfile de bonne heure dans le sac à viande qui nous sert de draps et je ne tarde pas à m'endormir.

Le lendemain, réveil maussade, café imbuvable... On nous prévient qu'à midi nous allons partir. Si seulement c'était vrai ! Je finis par languir dans ce camp aux horizons bornés. Comme la veille, on nous réunit à nouveau dans la cour et un officier recommence l'appel... J'entends mon nom. Enfin ! Je vais partir. Après une bonne heure de nouvelle attente pendant laquelle on nous distribue un casse-croûte pour midi (un morceau de bœuf, un œuf dur), l'ordre de départ est donné. Comme il n'y a plus de temps à perdre, on ne nous distribue pas de pain. Heureusement que j'ai pris mes précautions à l'avance !

Après une interminable marche à travers les quartiers ouvriers, nous arrivons enfin sur la Joliette. Nous sommes impressionnés par les grands docks, les immenses grues et les ponts roulants des quais que nous nous longeons pendant près d'une heure. Nous pouvons ainsi admirer les superbes paquebots et les innombrables cargos et steamers venant du monde entier apporter les marchandises dont sont encombrés les quais. Le mistral s'est arrêté de souffler et le soleil me fait suer à grosses gouttes car je suis chargé comme un mulet, avec ma boîte, ma musette, mon raglan et ma capote. Et dire qu'à Nancy que je viens de quitter il faisait froid !

Nous arrivons enfin au pied du paquebot qui doit nous emmener à Alger, l'*El Biar*. Nous pouvons l'admirer tout à notre aise en attendant la voiture qui doit nous apporter notre complément de bagages. J'en profite pour acheter quelques cartes postales le représentant. Le temps d'en signer une et de la jeter dans une boîte aux lettres proche, j'arrive juste pour répondre à l'appel de mon nom. Nous grimpons la passerelle. On nous distribue un couvert et une couverture et on nous fait descendre dans la cale d'où nous ne devons pas sortir avant le départ. J'en profite pour explorer notre nouveau domaine. Sur le plancher, des paillasses (une par homme). Les allées sont recouvertes de sciure pour absorber les vomissures éventuelles. Dans un coin, la vue de nombreuses ceintures de sauvetage nous procure une petite sensation d'effroi. Suivant les conseils des matelots, je casse bien la croûte, afin d'avoir le ventre plein et de ressentir un peu moins le mal de mer... Un quart d'heure avant le départ, un général vient nous rendre visite, accompagné de nombreux galonnés.

Il nous demande si nous nous trouvons bien, ce à quoi nous ne pouvons répondre qu'affirmativement. Constatant le peu d'éclairage dont nous disposons, il donne des ordres pour que, comme il le dit lui-même, « *nous puissions faire une petite belote* ». Il va sans dire que son ordre n'est pas exécuté et que la lumière reste telle qu'auparavant.

Vers midi, le bateau se met soudain à vibrer, les machines à ronfler, et à midi juste, nous quittons le quai. C'est alors la ruée vers les écoutilles, personne ne voulant manquer le spectacle. J'arrive à me faire une place près du bastingage. C'est alors un émerveillement. L'*El Biar* avance très lentement, tiré par deux remorqueurs. Nous passons entre d'énormes vaisseaux étrangers, français, anglais, allemands, italiens, etc. La sortie prend une bonne demi-heure. A mesure que nous approchons de la pleine mer, l'*El Biar* prend de la vitesse et nous commençons à être fortement secoués. Les remorqueurs nous ont lâchés. La vue sur Marseille est superbe. J'adresse un dernier salut à N.D. de la Garde dont la haute silhouette domine la ville en lui demandant en moi-même que la traversée se passe bien. Nous dépassons de nombreux îlots et le fameux château d'If, immortalisé par Alexandre Dumas tout en croisant des pêcheurs qui répondent joyeusement à nos saluts.

Le bateau est de plus en plus agité, car la mer grossit. En déambulant sur le pont, je retrouve d'autres copains. Ils ont été plus favorisés que moi car ils sont logés dans une cabine. Je vais leur rendre visite et, inévitablement, nous entamons une belote. Comme la température est suffocante dans la cabine, nous remontons sur le pont. La terre n'est plus qu'une mince bande grise barrant l'horizon.

A deux heures de l'après-midi nous n'apercevons plus rien. Je ressens une impression bizarre : c'est la première fois que je me retrouve en pleine mer... Nous sommes suivis par de nombreuses mouettes et par quelques dauphins que nous apercevons en nous penchant par-dessus bord. Les vagues secouent de plus en plus le bateau : nous sommes dans le golfe du Lion, renommé pour la violence de ses tempêtes. Le mal de mer commence à faire ressentir ses effets sur quelques uns d'entre nous, ce qui fait rire nombre de ceux qui ne sont pas malades. Quant à moi, je ne ris pas car, me souvenant de ma nausée sur une balançoire de la foire, je m'attends à ce que ce soit bientôt mon tour. La mer devient de plus en plus mauvaise, je me couche sur les panneaux fermant une cale. Le nombre des malades augmente. Les rieurs se sont tus. Certains sont très malades. Pour ma part, je ne ressens qu'un léger malaise. Comme la mer est démontée et que des vagues balaient le pont, je me mets à l'abri sous un pont couvert à bâbord...

Les heures passent lentement. J'arrive à me procurer une chaise-longue et je m'installe de mon mieux, dans le sens de la marche du bateau. La soirée se passe, monotone. Une cloche nous annonce l'heure du repas, mais je ne me sens pas le courage d'y aller. Confiant ma chaise-longue à un camarade, je descends dans la cale chercher mes couvertures et ma capote, car à présent il fait très froid. Mais quelle odeur à fond de cale ! Et quel spectacle ! Je remonte en courant et en me bouchant les narines. Dehors, je respire. Réinstallé dans ma chaise-longue, bien emballé dans mon raglan, ma capote et mes couvertures, je ne tarde pas à m'endormir...

« —*Vous voulez du café ?* » . Je me réveille brusquement. C'est un marin qui vend du « jus ». Il n'est pas fameux, mais bouillant. Il est une heure du matin. Comme je suis transi, j'en bois un verre et cela me fait du bien. Nous apercevons au loin une masse noire trouée trouées de nombreux points lumineux. Le matelot nous apprend que ce sont les îles Baléares. Au bout d'une demi-heure, elles ont disparu. La mer s'est calmée. Bercé par le roulis, je ne tarde pas à me rendormir....

***

Quand je me réveille, c'est déjà l'aube. Quel plaisir de se détendre les membres après une nuit passée recroquevillé sur le « transat » ! Le ciel s'empourpre au levant ; le soleil émerge lentement puis tout à coup irradie tout l'horizon.. C'est magnifique. Nous avons quitté le golfe du Lion depuis longtemps et nous naviguons maintenant sur une mer d'huile. Il fait bon se promener sur le pont, caressé par la brise fraîche et réchauffé par le soleil matinal. Beaucoup parmi nous ont les traits tirés mais aucun n'est plus malade. Le bateau comprend deux ponts-promenade : l'un pour les 1ère et 2ème classes, l'autre pour la 3ème et les passagers du pont. Il y a beaucoup d'arabes, certains en costume traditionnel, qui nous donnent une idée de ceux parmi lesquels nous allons vivre pendant un an.

À huit heures, l'hydravion du courrier postal Alger-Marseille nous survole, salué par nos acclamations. La cloche du déjeuner rappelle mon estomac à la réalité. Comme je n'ai rien mangé depuis la veille, je me joins à quelques camarades revenant des cuisines avec des plats remplis d'une tambouille douteuse que nous avalons dans un petit coin tranquille à l'arrière du bateau. Vers dix heures, des cris m'arrachent à la chaise-longue où je me reposais à nouveau : un grand bateau nous croise, qui fait route vers la France. Nous échangeons à grands cris nos saluts. Nous sommes jeunes et notre exubérance doit pouvoir s'exprimer...

On nous fait restituer couvertures et gamelles, présage d'une prochaine arrivée...Tout à coup, un cri venu de l'avant retentit : « *Terre !* ». Je bondis au bastingage: c'est bien la terre d'Afrique que nous apercevons. Je vais pouvoir enfin voir ce continent que je désirais tant connaître. Les marins prennent déjà les mesures pour le débarquement. J'écris hâtivement une lettre pour mes parents que je me propose de poster dès notre arrivée. Je dois abandonner ma chaise-longue car c'est le moment de les ranger. Et je m'esquive pour ne pas avoir à aider les matelots comme l'ordre nous en a été donné. Il y a bien un lieutenant avec nous. Mais dès qu'il ordonne quelque chose, c'est la fuite dans toutes les directions. Un avant-goût du « tirage au flanc » du Régiment...

La terre se rapproche. Nous apercevons au loin une grosse tache blanche sur le fond grisâtre des montagnes de l'Atlas tellien. À mesure que nous approchons de la côte, elle prend forme et nous distinguons la ville d'Alger qui mérite bien son nom arabe d'*El Djezaïr* — la Blanche... Nous sommes maintenant dans l'immense baie d'Alger et le port est à présent visible. Tous penchés au bastingage pour ne rien perdre du spectacle, nous croisons les bateaux qui sortent du bassin où nous entrons. Un petit canot à moteur vient nous accoster : c'est le Service de Santé qui vient s'assurer de l'absence de malades contagieux à bord. Heureusement, il n'y en a pas, sinon il nous aurait fallu attendre 48 h avant de débarquer. La manœuvre d'abordage commence. Elle va durer un quart d'heure, avec l'aide de deux puissants remorqueurs. Nous pouvons examiner la ville à loisir. Des boulevards longent les quais. Nous distinguons la ville arabe avec ses maisons à terrasse. Une partie de la ville est construite à flanc de montagne...

A 14 h 30, nous accostons à la gare maritime. Le soleil —d'Afrique, à présent— chauffe fortement. Enfin, nous débarquons. Comme nous sommes des passagers de peu d'importance, on nous fait sortir par les issues réservées aux marchandises. Et nous foulons les quais pavés. On nous a groupés en fonction des régiments auxquels nous sommes affectés ; je suis donc séparé de mes amis. Un arabe vient nous proposer des gâteaux qu'il veut nous vendre 1 F pièce. L'arrivée d'un officier lui fait baisser immédiatement son prix de 50% ! Nous avons ainsi un aperçu de la mentalité des marchands arabes avec lesquels il faut absolument savoir marchander.

L'appel terminé, l'ordre de départ est donné. Nous traversons les quais sous le regards curieux des passants. Nous escaladons les escaliers de la Pêcherie où flotte une forte odeur de poisson pour déboucher place du Gouvernement. Que d'arabes ! Et quelle curieuse impression que de voir pour la première fois toutes ces femmes voilées et vêtues de blanc, tous ces hommes en burnous coiffés de chéchias ! La place est très animée. Nous admirons la mosquée qui malheureusement s'est modernisée : une superbe horloge orne son minaret. La statue du duc d'Aumale se dresse au milieu de l'espace libre... Comme la caserne du 45ème où nous sommes attendus se trouve assez loin, le sous-officier qui nous conduit nous fait prendre le tramway. En l'attendant, je peux examiner à mon aise les quais que nous surplombons. La plus grande partie est encombrée d'innombrables fûts de vin car l'Algérie en exporte beaucoup. Le port est littéralement envahi de bateaux. Une superbe goélette et quelques beaux yachts font tache au milieu des mastodontes. Il y a aussi de curieux bateaux de pêche... Mais le spectacle est gâté par les docks flottants de charbon situés à l'entrée de la rade. Je lie conversation avec des arabes dont l'un, paraît-il, a travaillé à Nancy. Quel plaisir de pouvoir parler de son pays quand on en est éloigné !

Dans le tramway, sont assises en face de moi trois charmantes jeunes filles et c'est un plaisir de les entendre, avec leur accent si particulier. Nous suivons un grand boulevard qui longe les quais et, subitement, nous nous trouvons en pleine ville. Les rues sont bordées de grandes maisons à arcades, sous lesquelles on peut circuler les jours de pluie sans crainte de se faire mouiller et sans crainte des coups de soleil les jours où il chauffe dur. Le tramway augmente sa vitesse. Nous quittons les quartiers très fréquentés. Nous passons devant le Jardin d'Essai où l'on trouve des échantillons de la flore africaine et, enfin, sur une petite place, c'est le terminus. La caserne n'est plus qu'à un ou deux kilomètres.

A 17 h 30, nous faisons notre entrée à la caserne Lemercier. Elle me semble relativement agréable, avec sa grande cour plantée de palmiers et de poivriers sauvages, ses grands bâtiments tout blancs. Nous sommes salués par les cris des « anciens », peu nombreux, la plupart ayant été dispersés dans différentes directions à la fin de la période d'instruction. On nous conduit à la chambre où nous devons passer la nuit. Elle est très propre, avec ses murs blanchis de frais et son carrelage brillant. On nous distribue un quart et un couvert et nous nous dirigeons vers le réfectoire. Quelle différence avec Marseille ! Le décor est presque fastueux et la nourriture est bonne. Après le repas, les anciens se mêlent à nous, à la recherche d'un « pays ». C'est alors que j'entends derrière moi une voix à l'accent connu demander s'il n'y a pas de Nancéens... Je fais ainsi connaissance avec Bisch, de Jarville, dans la banlieue de Nancy. Le patronage m'avait écrit pour me prévenir de sa présence. Et sa sœur, qui travaillait avec la femme de mon frère Louis, lui avait également écrit que j'étais affecté dans son unité et demandé de bien vouloir s'occuper de moi. Mais les courriers ne devaient arriver qu'après notre rencontre. Tout en devisant, il me fait visiter les dépendances de la caserne : la salle de lecture, où l'on peut, dans le silence, lire et écrire à son aise et qui peut se transformer au besoin en salle de cinéma ou de théâtre, le café maure où, pour 8 sous, nous pouvons déguster un très bon café, la coopérative du bataillon, aux prix les plus intéressants, le salon de coiffure et finalement la cantine, plus propre et meilleur marché qu'au camp Sainte-Marthe de Marseille. L'arrivée des « bleus » y a amené un monde fou et nous sortons sans avoir pu nous faire servir. Nous nous asseyons sur un des nombreux bancs de la cour, nous parlons de notre vie civile et nous découvrons que nous avons les mêmes idées, ce dont nous sommes tous deux ravis. L'appel du soir étant proche, nous nous quittons pour aller nous coucher. Quel plaisir de s'allonger sur un bon lit après un si long voyage !

***

Le lendemain, je me lève au premier coup de clairon. Selon l'ordre du caporal, je plie draps et couvertures et je donne un coup de balai sous mon lit. On nous apporte le café, un bon café au lait accompagné d'un petit pain frais et d'une tablette de chocolat. Nous sommes gâtés et j'espère qu'il en sera toujours ainsi...

On nous rassemble peu après. On nous fait prendre nos bagages car nous devons nous rendre à la caserne L où se trouve le commandement du 45ème et où nous devons être immatriculés et affectés. Nous reprenons en sens inverse le chemin de la veille. Comme le soleil est levé et qu'il chauffe, nous prenons une bonne suée... Après quelques heures d'attente pendant lesquelles nous rendons le matériel perçu à Marseille, on commence notre incorporation. Je suis affecté à la 1ère compagnie, celle des téléphonistes-télégraphistes (Il y a aussi une compagnie de radios-télégraphistes et une compagnie de pontonniers) sous le numéro matricule 4 981. A présent je ne suis plus M. Mourot, mais le sapeur Mle 4 981. Comme ma compagnie se trouve dans le bâtiment où j'ai couché hier, je fais à nouveau le même chemin, à pied, avec mon tout mon barda. Et la porte de la caserne se referme derrière moi pour ne se rouvrir que dans onze mois...

***

La suite de mon séjour devait confirmer la bonne impression que j'avais eu dès le premier jour, concernant nos conditions d'existence. Pour le petit déjeuner, par exemple, nous avions un jour du café au lait, le lendemain du café noir et le dimanche du chocolat et des croissants ! Et la soupe était bonne. Le dimanche, par exemple, on avait du poulet, un luxe pour l'époque. Jusqu'à la fin de mon service, nous n'avons jamais eu besoin d'aller à la Cantine pour compléter l'Ordinaire. S'il nous arrivait de manger en ville au restaurant, c'était pour nous changer d'atmosphère ou pour éviter d'avoir à rentrer de bonne heure à la caserne pour les repas.

A la 1ère compagnie, pendant nos quatre mois de classes, l'instruction était axée sur la mise en œuvre du télégraphe et du téléphone. Notre chef de section était un lieutenant sursitaire. Il nous avait prévenu: « *Pour l'instruction militaire proprement dite, je vous ferai lire le règlement et vous ferez certainement un peu de maniement d'armes et de tir mais l'essentiel se passera en salle de cours et là, concernant la technique, je serai dur. Si vous venez ici, c'est pour apprendre. D'ailleurs, à chaque fin de semaine, il y aura un examen dont les résultats conditionneront l'attribution des permissions de sortie ou des consignes!* » Comme je m'intéressais beaucoup à l'électricité et aux nouveautés techniques, cela me plaisait. On apprenait le fonctionnement du matériel et des centraux téléphoniques, la technique d'installation des lignes, et surtout le morse et la manipulation, ainsi que la signalisation optique à l'aide d'un héliographe. Pour la pratique nous allions parfois au « polygone » ou à Notre Dame d'Afrique ... Comme j'avais du cœur à l'ouvrage, je suis sorti deuxième de ma classe, ce qui était intéressant dans la mesure où le 45ème fournissait en téléphonistes tout le gouvernement militaire d'Alger.

Les « bonnes planques » étaient réservées aux premiers. Le « major » était affecté au Gouvernement Général. Là, il fallait être impeccable, respecter les usages et se montrer déférent à l'égard de toutes les « huiles » qui défilaient. Au D.T.M. (Dépôt de télégraphie militaire, situé dans la caserne Lemercier d'Hussein Dey) où l'on était affecté en second rang, il suffisait d'être correct; la pression était moins forte car on avait affaire à des gradés bien moins prestigieux.

C'est là que je me retrouvais à l'issue de mes classes. Nous étions sous les ordres du capitaine Legrand, chef du dépôt, et de son adjoint, un lieutenant, officiers dont je n'ai eu qu'à me féliciter. J'ai commencé comme magasinier. Mais deux jours plus tard, le secrétaire du capitaine ayant dû faire quelque faute grave, j'ai été appelé pour le remplacer. Je travaillais avec une dizaine de civils, hommes et femmes mélangés. Au bureau, l'ambiance était bonne. Le D.T.M. fournissait en matériel électrique, téléphonique et radio-télégraphique toutes les unités stationnées en Algérie. J'avais avec moi Frendo, un magasinier devenu un bon copain, avec lequel j'ai d'ailleurs correspondu après mon service militaire, jusqu'à la guerre de 39. C'était un « pied noir », comme on ne le disait pas encore, originaire de Bône, fils d'un Maltais et d'une Alsacienne. Je travaillais avec un civil plus âgé que moi, M. Scala, qui était aussi devenu un ami et avec qui il m'est arrivé de sortir. J'étais reçu dans sa famille. Nous vivions à l'écart de la compagnie, dormant et mangeant sur place. Comme nous étions au mieux avec les cuisiniers qui venaient se fournir en copeaux et en bois chez nous, nous étions particulièrement bichonnés quand nous allions au ravitaillement. Dans notre chambre, nous avions même notre poste de radio à la tête du lit. Et nous pouvions prendre une douche tous les deux jours, ce qui était fort appréciable en période de grandes chaleurs.

J'acquis bien vite la confiance du capitaine. Il m'est arrivé de signer en son nom. C'était même moi qui contrôlais l'horaire des employés civils. Un jour, un copain m'avait dit : « *Oh! Mourot, tu fais du zèle! — Non*, lui avais-je répondu, *je ne fais que mon boulot. Si je ne le fais pas bien, on me virera et j'irai en compagnie me taper la garde et les corvées... Je préfère rester ici, et cela se mérite* ». Je le méritais. Et lorsqu'une affaire d'espionnage mit le bataillon en émoi, tout le monde dut, pour accéder aux archives du D.T.M., passer par le sapeur Mourot. Sergents, adjudants, tous durent émarger sous mon contrôle la note de service qui le leur spécifiait, ce qui ne fut évidemment pas toujours de leur goût... Quand un gars était puni —à l'Armée, on est puni pour pas grand-chose— le Capitaine me disait : « *Tenez, Mourot, vous ferez monter cette punition à la Compagnie* ». Alors, je l'enregistrais, j'appelais le « puni » et je lui disais: « *Tiens, tu vas porter ça à la Compagnie pour faire ta punition.* » Il comprenait. Une fois qu'il était en route, il déchirait le papier et personne n'en parlait plus, pas même le capitaine. Une seule fois, un « puni » n'a pas osé, un Parigot...Alors, sa punition, il l'a faite !

En dehors du travail, je sortais dans Alger et même hors d'Alger avec mon copain Frendo qui parlait couramment l'arabe et qui me fis découvrir des endroits où je ne serais jamais allé sans lui. Grâce à de vrais faux-titres de permission que je confectionnais au bureau, nous pouvions bénéficier du tarif « quart-de-place-militaire » sur les chemins de fer. Nous avons pu ainsi visiter, entre autres, Cherchell (l'ancienne Césarée de l'époque romaine) Tizi-Ouzou, en Kabylie, où nous allâmes par un car à impériale surchargé et où nous avons pu nous rendre compte de la misère des indigènes, à Boufarik où des gardes armés surveillaient d'immenses orangeraies. Nous sommes aussi allés à Blidah où nous avons loué, après marchandage, un cabriolet à cheval pour nous rendre aux gorges de la Chiffa, avec son ruisseau des singes, des singes effrontés qui n'hésitaient pas à l'occasion à venir piller vos provisions, où nous avons rencontré un homme qui avait participé à la construction du chemin de fer traversant ces gorges sur un impressionnant viaduc et qui nous raconta cette aventure pénible, avant de nous offrir l'anisette, extraite d'une fiole qui ne le quittait jamais et allongée de l'eau fraîche d'une source de sa connaissance.

A la belle saison, nous allions nous baigner sur les plages environnantes et manger au restaurant. Mais les plages civiles étaient interdites aux militaires auxquels l'Armée imposait des plages crasseuses et mal situées. Bien entendu, autant que possible, nous ignorions l'interdiction. C'est sur une plage civile que j'ai commencé à apprendre à nager. Expérience à laquelle viendra mettre fin la noyade d'un soldat qu'un camarade aura en vain essayé de sauver. Pour le remercier de son geste courageux, le commandement le condamnera à un mois de prison pour s'être baigné sur une plage civile. On le dispensera cependant du mois de service supplémentaire que cette punition lui aurait normalement valu.

Au soleil de l'Algérie française

***

1930, c'était l'année du centenaire de la conquête fêté en grandes pompes par la République. Nul alors, hormis une poignée d'observateurs lucides ou d'utopistes comme Messali Hadj, ne songeait à remettre en cause le bien-fondé de la colonisation et l'on n'imaginait pas que la France pourrait un jour quitter une terre arrosée du sang de tant de nos soldats et de la sueur de tant de colons courageux et opiniâtres. L'Algérie était le prolongement naturel de la Métropole même si elle était majoritairement peuplée d'une population considérée comme une sous-humanité à laquelle nous étions censés apporter les bienfaits de la Civilisation.

Je n'étais pas spécialement raciste et c'est naïvement que je faisais état dans les lettres des « ratons » comme éléments du décor des départements algériens. Ma vision de l'Algérie du Centenaire était celle de Tintin au Congo ou au pays des Soviets. C'était celle de tous les Français de l'époque, homme de gauche compris, le colonialisme étant alors considéré comme l'expression de la générosité des peuples évolués à l'égard des primitifs placés sous la tutelle bienveillante de l'Occident civilisé ! Mon courrier à mes parents illustre bien cet état d'esprit.

« Hussein-Dey, le 15 novembre 1930

Chers parents, frère et sœur

11 novembre 1930 ! Date mémorable! pour moi ! Grande bombance à la caserne et première sortie en ville. Alger est tout de même une belle ville, il y a le quartier européen avec de grandes avenues bordées de très belles maisons faites dans le style arabe, beaucoup de squares renfermant toutes les plantes de l'Afrique du Nord, des magasins superbes. Mais quel contraste, lorsqu'on visite la Kasbah, qui est la ville arabe; ce sont des milliers de petites rues d'une largeur de 3m qui sont remplies de ratons (c'est le nom qui est donné ici aux arabes) et où tous sont commerçants. On en voit avec une poignée d'ail devant eux, d'autres avec de vieux bidons à essence qui contiennent du lait caillé qu'ils vendent par bol, d'autres perruquiers ambulants, d'autres qui font des tours de passe-passe, d'autres qui jouent en pleine rue avec des jeux inconnus chez nous, là il y a un mendiant qui implore Allah en arabe, ici des ratons en train de rêver, et tout cela en pleine rue. Ce qui est amusant, ce sont les petits cireurs de bottes âgés à peine de 7 ou 8 ans, aussitôt qu'ils ont gagné 4 ou 5 sous, aussitôt ils se les jouent entre eux. Ils vendent aussi (toujours les ratons) toutes sortes de gâteaux inconnus chez nous, il y en a qui ne sont pas mauvais, mon ami Bisch qui d'ailleurs me pilotait à travers toute la ville m'a fait goûter à presque tous. Le soir, nous avons mangé dans un restaurant musulman (il y avait au menu: loubia, qui est une sorte de soupe aux haricots mais très pimentée, couscous garni, mouton avec des haricots et chaque plat toujours très pimenté. Cela ne vaut pas la bonne cuisine lorraine).

On a visité aussi une mosquée, mais on n'a pas pu entrer dans le sanctuaire, car il fallait se déchausser, mais dimanche, c'est convenu, on défera nos molletières et nos chaussures et comme cela on pourra voir l'intérieur.

J'ai reçu votre lettre hier matin et elle m'a fait grand plaisir (...)

Bien le bonjour à tous les membres de la famille et aux amis. (...)

Je vous envoie mes meilleurs baisers.

Henri

PS/ Je pense que vous avez bien rangé mes habits. Je vous préviendrai en temps utile lorsqu'il faudra les tenir prêts pour que je les remette. Je vous enverrai ceux que j'ai ici dans quelques jours.

N'oubliez pas les journaux. Je pense que vous avez fait le nécessaire pour mon abonnement de la Croix.

le 21 novembre

(...)Vous me dites que ces jours-ci il a gelé à Nancy, eh bien, vous savez, en ce moment, il fait très chaud et aujourd'hui, on a encore pris une bonne suée. (...) Dimanche matin, je suis allé pour la première fois à la messe à Hussein-Dey, il y a une belle petite église construite dans le style arabe. (...) Le dimanche soir on est allé visiter les bas-fonds d'Alger, et on a soupé dans un restaurant où pour le prix incroyable de 5 francs on a droit à autant de plats que l'on veut, et cuisine bien faite et propre (...)

le 27 novembre

(...)Dimanche matin, on a croisé en ville la procession musulmane faisant la quête, c'est très amusant, plusieurs ratons sont devant qui portent les drapeaux du prophète et derrière suit une musique arabe qui fait entendre des airs religieux (qui sont très monotones car c'est toujours sur le même ton) (...) Ici le soleil continue toujours à chauffer dur, je commence déjà à jaunir fortement. Aujourd'hui, j'ai fait connaissance avec le sirocco: c'est un vent brûlant qui vient du désert et qui transporte des milliards de petits grains de sable très fin, toute la journée, le soleil a été caché, et le ciel avait pris une teinte jaunâtre, heureusement que cela ne dure pas.

Au soleil de l'Algérie française

le 31 mai 1931

(...)

Pour fêter la fin des manœuvres, on nous a fait un méchoui (c'est un mouton entier rôti sur la braise). Mais, affaire de goût, je ne l'ai pas trouvé épatant. Enfin maintenant tout est fini, je ne regrette pas d'avoir fait ce grand voyage à présent. »

Un colonial de 1931, avec casque de liège et bandes molletière

***

Ce grand voyage, ce fut, en mai 1931, la participation aux grandes manœuvres organisées dans le Sud-Oranais. Il avait fallu des manipulants télégraphistes-téléphonistes. Comme j'avais été jugé « *bon manipulant* », on m'avait désigné pour y participer. Ce fut pour moi l'occasion de connaître les confins algéro-marocains et la Légion étrangère, dont un fort abrita notre central téléphonique. Du 5 au 28, transportés en camion et en wagon à bestiaux, couchant à la dure sous la tente, nous fûmes engagés, à Bossuet, dans la grande aventure que relate ainsi un journal algérois :

Trois petits tours

Les grandes manœuvres en Oranie
UN BREF CHAPITRE
DE L'HISTOIRE DE L'ALGERIE

D'un de nos correspondants particuliers

Les troupes jouissent aujourd'hui d'un repos bien gagné en attendant le gros effort final qui leur sera demandé.

Si le soldat se repose, les états-majors et les services continuent à travailler pour lui et ce m'est une occasion de dire quel est leur rôle dans ces manœuvres.

Dans un bled sauvage, à peine habité, où les chemins sont des sentiers de chèvres, où les points d'eau ne sont que des mares boueuses piétinées par les troupeaux, on demande un beau jour aux états-majors de faire vivre 7 à 8 000 hommes. Et ceux-ci de faire leurs plans et de mettre en branle les services.

Deux cent kilomètres de pistes sont transformés en chemins de terre pour les voitures, les sources sont captées, nettoyées, pourvues de réservoir d'eau javellisée pour les hommes, d'abreuvoirs en maçonnerie pour des centaines de chevaux; voilà pour le Génie.

Des marchés sont passés avec les fournisseurs de vivres, des dépôts sont créés, des convois rassemblés; voilà pour l'Intendance.

Le service de Santé organisa des postes sanitaires, des hôpitaux.

L'Artillerie bâtit des dépôts de munitions, des ateliers de réparation.

Le Train monte ses dépôts d'essence, ses parcs de véhicules.

Ce n'est pas tout. A cette organisation matérielle, à cette sorte d'Etat en formation, il faut un chef, une organisation administrative, une police. On l'a créée. A la tête, un commandant du territoire, partagé en plusieurs districts. Il ne manque plus que les habitants. Ils arrivent un jour, portant leur maison sur leur dos; ils sont 7 à 8 000.

Les villages de tentes se montent, le travail s'organise et, du jour au lendemain, les cuisines fument, les chevaux vont à l'abreuvoir, les ateliers retentissent du bruit des marteaux; des autos, des convois sillonnent les routes. Le miracle s'est accompli. Il a fallu moins d'un mois pour transformer un bled sauvage en région habitée et pourvue de tous les organes d'un pays modernisé.

Et je songe aux camps des légionnaires romains dont la charrue suivait l'épée; je songe aux vestiges saisissants qu'ils ont laissé dans ce pays.

Ceux que nos soldats laisseront ici de leur trop court séjour ne seront pas négligeables. Une région, hier encore presque inabordable, aura été assainie, percée de bonnes pistes dont profitera la colonisation qui s'y implantait timidement; et surtout l'eau, la magicienne de ce pays, aura été captée, asservie, distribuée.

Le colon n'a qu'à arriver avec sa charrue.

Et voici que, sans le vouloir, j'écris un nouveau chapitre, un très bref chapitre, il est vrai, de l'histoire de l'Algérie. Mais enfin, il méritait d'être signalé.

***

A notre retour, après un mois de vie à la dure, c'est avec plaisir que je retrouvai mon cher DTM, plaisir partagé par le capitaine Legrand lui-même car la pagaille commençait à s'installer dans le service.

A partir de juin, la chaleur commença à devenir pénible. Vêtus de notre tenue de toile et coiffés de notre casque colonial, nous avions fière allure au cours de nos sorties. L'horaire était adapté à la météorologie : réveil à 4 h 30 (5 h 30 seulement au DTM !); repas et sieste de 11 h 30 à 14 h 30; travail ensuite jusqu'à 18 h, heure de la soupe...

Quand la fin de mon temps fut arrivée, le lieutenant m'appela pour me dire, navré: « *Mourot, le Capitaine aurait bien aimé que vous repartiez avec les galons de caporal. Mais compte tenu de nos rapports actuels avec le commandement, cela n'a pas été possible...* » On se contenta de me décerner mon certificat de bonne conduite et un « certificat d'exploitation » ainsi rédigé: « *Le Capitaine Legrand, soussigné, chef du Dépôt de Télégraphie Militaire et de Matériel de Chemins de fer d'Hussein Dey, certifie avoir eu sous ses ordres du 2 février au 22 septembre 1931, le sapeur MOUROT Henri, N° matricule 4 981. Ce sapeur, employé au bureau de la comptabilité, a tenu un rôle de rédacteur-comptable très délicat qui a exigé de lui de fortes qualités d'ordre, de méthode et d'esprit de suite. Il a donné sans cesse toute satisfaction* ». Je m'en moquais. Ce qui comptait pour moi, c'était de retrouver Nancy et les miens. N'étant jamais retourné chez moi, je bénéficiais de quinze jours de permission libérable abrégeant d'autant mon année de service (nous étions les premiers à ne faire qu'un an).

J'avais reçu une lettre de M. Michel Daum qui, tout en m'assurant que ma place était toujours libre à la verrerie, me faisait part des difficultés économiques, de l'impossibilité où il serait de m'augmenter, et m'invitait à envisager de m'installer définitivement en Algérie: « *Certains détails que vous donnez sur votre vie, écrivait-il, telle que vous l'avez menée en Algérie et dans le sud-oranais, semblent indiquer que le pays vous a beaucoup plu. Avez-vous regardé un peu autour de vous quelle situation un jeune homme de 22 ans pourrait se faire là-bas en sortant du service militaire ? L'Algérie est un pays jeune et actif où il nous semble qu'il y ait à l'heure actuelle beaucoup plus d'avenir qu'en France* » . Mais j'avais hâte de rentrer chez moi et je n'imaginais guère de m'expatrier durablement.

***

Après avoir fêté, comme il se devait à l'époque, l'enterrement du « *Père Cent* », cent jours avant la date de notre libération, avoir mis au courant mon successeur et joui de quelques après-midi de liberté, je reçus enfin mon ordre de route pour rentrer en France. La veille du départ, après avoir rendu mon paquetage, je couchai à Alger chez le père de M. Scala et, le 22 septembre, j'embarquai sur le GG Chanzy pour arriver à Marseille le lendemain. Pendant la traversée, nous essuyâmes une violente tempête, très impressionnante. Le soir, je m'attachai avec mon *cheiche* à un portique pour jouir du spectacle de la mer démontée et, comme à l'aller, je n'eus pas à souffrir du mal de mer. A l'arrivée, il nous fallut attendre 4 à 5 heures avant de pouvoir pénétrer dans le bassin de la Joliette. A Marseille, nous devions passer à la douche et être « épouillés ». Deux hommes étaient à l'entrée d'une étuve. On leur donnait nos vêtements et pour accélérer l'opération, on leur glissait en même temps une petite pièce. Quelques minutes après nous récupérions les vêtements « épouillés » et nous pouvions disposer. Il ne restait plus qu'à prendre le train pour Nancy où les miens m'attendaient.

Ma vie d'homme pouvait commencer.

À Monswiller, Maria entre sa mère (à droite) et sa future belle-mère (à gauche)
Derrière : son père et son jeune frère (les deux Joseph)

Chapitre IV
Maria

À mon retour à Nancy, après la joie des retrouvailles et quelques jours de répit, j'allai voir M. Michel Daum. La situation avait bien changé depuis mon départ. La crise se faisait sentir dans la verrerie comme ailleurs. Il ne refusait pas de me reprendre, mais à de bien moins bonnes conditions que celles que j'avais pu espérer. Si je renonçais à revenir dans son entreprise, je serais indemnisé et il m'aiderait à trouver un autre emploi. Lucide, je compris que, compte tenu des difficultés de la conjoncture, la place qui m'avait été plus ou moins promise avant mon service militaire était désormais réservée à quelqu'un de la famille. Adieu la verrerie ! J'acceptai sa proposition. Je reçus alors une bonne indemnité de licenciement, ce qui était rare à l'époque et ne m'était absolument pas dû. J'en profitai pour souffler un peu en attendant un nouvel emploi.

Pendant quelque temps, j'accompagnai sur les marchés mon beau-frère Fernand Thévenin qui exerçait à cette époque la profession de boucher charcutier. Les jours passant, ma mère trouvait qu'il était temps que je me mette à envisager autre chose. Alors je me mis en chasse. J'essayai d'abord d'entrer dans la police. Mais, comme il me manquait trois centimètres pour atteindre la taille minimale réglementaire qui était alors de 1,70 m, on ne put accéder à ma demande. J'essayai la Compagnie des tramways. L'emploi de receveur qu'on me proposait ne me convenant guère, je pris en considération une offre de la Société des Pneumatiques Dunlop qui avait une succursale à Nancy. Une petite annonce m'avait appris qu'elle recherchait un magasinier. Je me présentai au directeur, M. Lagneau, qui m'écouta poliment et me renvoya avec la formule habituelle: « *Laissez votre adresse, on vous écrira* ». C'est alors que je décidai de profiter du petit coup de pouce que m'avait promis M. Michel Daum. Le lendemain, quand je me présentai à nouveau devant lui, le directeur me déclara d'emblée: « *Eh bien, Mourot, c'est entendu, vous êtes embauché. Vous pouvez commencer au début de la prochaine quinzaine.* » C'est ainsi qu'en octobre 1931 j'entrai chez Dunlop, où j'allais faire l'essentiel de ma carrière.

Au bout d'un mois, le chef magasinier étant parti et comme on avait pu voir que j'étais sérieux, le directeur me proposa de prendre sa place. Mais je n'y tenais pas vraiment. Comme je le lui exposai franchement, j'étais trop nouveau dans la société pour qu'une aussi rapide promotion ne suscite la jalousie et n'instaure un mauvais climat de travail. Il n'insista pas et, peu de temps après, je passai au service technique, sous les ordres de M. Mialeau. Nous avions à juger du bien-fondé des réclamations des clients concernant des défectuosités constatées sur nos pneus et estimer si elles provenaient de défauts de fabrication ou d'une mauvaise utilisation. C'est là que j'ai appris à connaître le pneumatique dont j'ignorais tout jusqu'alors.

***

En retrouvant Nancy, j'avais également retrouvé le Patronage et tous mes amis. Parmi ceux-ci, Joseph Schalck et sa jeune épouse Anna Gemmerlé. Originaire de Steinbourg, près de Saverne, elle avait été placée comme cuisinière chez un banquier retraité de Nancy, M. Husson, où elle avait eu pour collègue une autre Alsacienne employée comme femme de chambre, Maria Hausser, originaire d'un village voisin du sien, Monswiller. C'est à Nancy qu'elle avait rencontré Joseph, quand il travaillait à installer le chauffage central dans une maison en face de celle des maîtres, dans la paroisse de la cathédrale. C'était un robuste Vosgien qui avait eu une enfance difficile, avec un père ivrogne qui l'attachait à la table quand il était petit. Ils avaient fini par se marier. Joseph avait trouvé un emploi de livreur. Armé d'un fouet, il conduisit longtemps à travers la ville son camion à cheval. Anna avait quitté la maison Husson pour suivre son mari, remplacée par une Lorraine dialectophone, Anna Ham, de Gosselming, en Moselle.

C'est par l'entremise des Schalck que je fis la connaissance de Maria et d'Anna Ham. Celle-ci restera célibataire, après une déconvenue amoureuse de jeunesse. Elle deviendra la marraine de mon fils, Joseph en étant le parrain et sa femme, la « tante d'Afrique », comme d'autres étaient « oncles d'Amérique » !. Le frère d'Anna Ham, Joseph, épousera par ailleurs la sœur aînée de Maria, Joséphine, et lui donnera cinq enfants.

. J'avais envoyé depuis Alger à Maria deux cartes postales et même une lettre. Mais quand mes camarades m'interrogeaient ou me taquinaient sur son compte, je leur répondais que c'était une amie et rien de plus. Mais, petit à petit, un sentiment réciproque plus fort que l'amitié naquit entre nous. Nous nous rencontrions souvent à l'occasion des manifestations du Patronage de la Cathédrale, notamment les spectacles du groupe théâtral. Nous nous plaisions et nous sommes devenus intimes. Nous partagions, au début, nos promenades avec d'autres. Puis nous sommes arrangés pour nous retrouver seuls tous les deux. Nous aimions sortir ensemble. A la belle saison, nous allions pique-niquer dans la forêt aux environs de Nancy. Un dimanche de fin juillet 1932, nous sommes allés à Sion, le lieu de pélerinage de la Lorraine, ainsi qu'à Gérardmer... De cette dernière excursion, j'ai gardé des photos et, selon mon habitude, un récit détaillé me permettant de revivre, à des décennies de distance, cette journée inoubliable.

***

Levés à 2h du matin, nous partons une heure plus tard et traversons la ville déserte. À la gare, je dois réveiller l'employé du guichet pour me procurer des billets. Après quelques minutes d'attente sur le quai, nous trouvons place dans un wagon de seconde, car les troisièmes sont réservées. Un peu avant 4h, le train démarre. La nuit ne nous permet pas de voir le paysage, mais un peu avant Épinal où nous nous arrêtons un quart d'heure, le soleil commence à se lever et nous avons un aperçu du pays vosgien. Nous dépassons quelques usines textiles auprès desquelles de grandes bandes de toile sont étendues sur les prés pour blanchir. Peu après Bruyères, nous nous élevons en pleine montagne. De chaque côté, la muraille abrupte est impressionnante. Par moments, de petits torrents coupés de cascades suivent la voie. Nous apercevons aussi quelques scieries et un chemin de schlitte...

Trois heures après le départ, notre tortillard nous dépose à Gérardmer. Dans l'attente du tramway pour le Hohneck, nous allons entendre la messe à l'église. La messe terminée, il est plus de 8 h et nous commençons à avoir faim. Nous nous dirigeons vers le lac pour trouver un coin tranquille où nous pourrons nous installer pour manger. Nous empruntons le Boulevard, bordé de jolis hôtels et d'un beau parc, qui conduit directement au lac. Derrière l'Établissement nautique, nous nous installons sur l'herbe au bord de l'eau.

Après le petit déjeuner, nous écrivons quelques cartes postales que nous avons achetées en route et, comme l'heure du départ pour le Hohneck approche, nous nous hâtons vers la gare des tramways. Parmi la foule qui attend, une forte troupe de scouts est venue de la région parisienne pour camper plusieurs jours à Retournemer. Nous arrivons toutefois à trouver de la place sur la plateforme du tram et à 10 h, nous démarrons.

Nous traversons la ville et aussitôt nous montons doucement. Nous passons à côté du Saut des Cuves, une très belle cascade très visitée par les touristes. Le tram, suivant la route au pied de la montagne, nous fait passer successivement devant les lacs de Longemer (plus long mais moins large que celui de Gérardmer, et bordé de montagnes abruptes) et de Retournemer (beaucoup plus petit mais entouré d'une belle petite prairie). Passés les lacs, nous pénétrons en plein cœur de la montagne et cela commence à monter sérieusement. Nous avons réussi à trouver deux places assises et nous pouvons jouir du panorama sans nous fatiguer. La voie monte de plus en plus et par instants, par quelques échappées, nous avons un petit aperçu de la vallée des lacs. Spectacle inoubliable. Au col de la Schlucht, où nous nous arrêtons quelques minutes, le tram revient un peu en arrière pour monter à l'assaut du Hohneck. C'est l'endroit où la voie est la plus raide, mais les voitures sont puissantes et nous emmènent sans encombre au terminus.

Quelques centaines de mètres d'escalade de ses contreforts et nous voici au sommet. Alors, là, le spectacle est magnifique. De quelque côté qu'on tourne le regard, rien n'arrête la vue. C'est un continuel enchantement. La « ligne bleue des Vosges » est une appellation méritée car les sommets et les forêts de sapins semblent couverts d'un léger voile bleu que troue par endroits le vert des prairies. Midi allant sonner, nous nous installons à l'abri d'un gros rocher où nous dressons le couvert. Maria a mal à l'estomac. Mais notre repas est égayé par le tintement des cloches des troupeaux de vaches qui paissent dans la montagne. Le repas terminé, nous faisons le tour du sommet où souffle à présent un vent violent et glacial qui ne nous empêche cependant pas de jouir du spectacle de la vallée de Munster et du Frankenthâl…

En début d'après-midi, nous redescendons vers Gérardmer. Comme la poussière de la route nous a desséché la gorge, nous allons boire un demi sur la place. Ensuite nous décidons de faire le tour du lac à pied. Arrivés presque à l'extrémité du lac nous dressons le couvert sur une roche couverte de mousse. Pendant que nous mangeons, nous avons le plaisir d'entendre la musique de l'hôtel du Lido portée par l'eau. Le repas terminé, nous contemplons les barques évoluant sur le lac. Le retour se fait d'un pas moins vif car la fatigue commence à se faire sentir.

Malgré le monde qui se presse à la gare, nous parvenons à trouver de la place. Nous sommeillons en route… Nous changeons de train à Epinal et nous arrivons enfin à Nancy. Une dernière station au « Grand Jus » et à 22h 30 nous rentrons chacun de notre côté, enchantés de cette longue journée passée ensemble.

Cette situation d'amitié amoureuse aurait pu durer encore longtemps si Maria n'avait pris le taureau par les cornes. Si j'avais à peine plus de 22 ans, elle venait d'en avoir 27. Lasse de cette situation ambiguë, elle me posa alors la question de confiance: « *Je ne suis plus toute jeune. Sortir ensemble comme nous le faisons, c'est très bien. Mais je voudrais savoir si, nous deux, c'est du sérieux* ». Un peu étonné, je la rassurai : oui, bien sûr, c'était sérieux. Il fallait sauter le pas : « *Eh! bien c'est d'accord! Nous allons nous marier.* » Et c'est ainsi que nous nous retrouvâmes fiancés.

Il restait à obtenir l'agrément de la famille… Quelques temps après, j'avais rendez-vous avec le frère aîné de Maria, François — Antoine pour les intimes — à Gosselming, chez Anna Ham, dont le frère Joseph, métreur dans le bâtiment, venait d'épouser leur sœur Joséphine. Ouvrier d'usine au chômage, Antoine s'était engagé dans l'armée française, avait d'abord servi à Constantinople puis s'était retrouvé au Maroc dans un régiment de tirailleurs. Il avait fait toute la campagne du Rif de 1925 au cours de laquelle il avait été blessé, puis avait échoué, comme adjudant-chef, dans la garnison de Sarrebourg où il avait été décoré sur le front des troupes et où il avait épousé Marie Fourrer, une jeune fille de la région avec laquelle il devait avoir un fils unique. L'entrevue s'étant bien passée, je pris un peu plus tard avec Maria le chemin de Monswiller, pour y rencontrer ses parents. Le petit Nancéen sut se faire apprécier et le mariage fut décidé pour le mois d'août 1933.

***

Maria — Anne, Marie Hausser, pour l'État-civil — avait vu le jour le 26 juillet 1905 à Monswiller, dans l'Alsace annexée. Elle était donc née allemande. La victoire française de 1918 lui avait donné la nationalité française, par «réintégration». Son père, Joseph Hausser, alors âgé d'un peu plus de 60 ans, était né français en janvier 1869. La marraine de Maria se souvenait de l'avoir vu jouer tout enfant entre les pattes des chevaux de uhlans pendant la guerre franco-prussienne de 1870. Devenu allemand en 1871, il n'avait repris la nationalité française qu'en 1918 ... pour la reperdre en 1940 et ne la retrouver que sur la fin de sa vie en 1944-45. Parlant avant tout le dialecte alsacien, il est mort en ne sachant plus que quelques mots de français. (A noter que pendant longtemps après 1945, on trouva en Alsace des journaux bilingues permettant aux dialectophones de ne pas trop se sentir abandonnés...). Il avait passé trois ans en Allemagne au service du *Kaiser*, dans un régiment d'infanterie, de 1889 à 1892. Pendant la première guerre mondiale, âgé d'environ 45 ans et père de quatre enfants, il avait été mobilisé sur place dans la Territoriale. Il travaillait à l'usine *Zornhoff* de Monswiller qui fabriquait —et fabrique encore— des outils sous la marque *Goldenberg*. Comme beaucoup d'ouvriers alsaciens, il était aussi paysan, cultivant avec sa femme, Émelie Ott, les petits lopins que leur avaient légués leurs parents, réduits à peu de chose à la suite de trop de partages successifs. Ils avaient toutefois possédé une vache, animal de trait plutôt que laitière, et élevaient, en plus des traditionnels poules et lapins, des chèvres dont le lait, au goût prononcé, suffisait aux besoins domestiques et permettait la confection de délicieux petits fromages. Leurs prés donnaient de l'herbe pour la vache, les lapins ou les chèvres, leur jardin des légumes, leurs vergers des quetsches et des mirabelles — à l'origine de succulentes tartes, confitures et autres eaux-de-vie. Ils entretenaient même une petite vigne, qui leur donnait de quoi tirer quelques litres d'une modeste piquette, le long d'un mur de la maison, une belle maison en grès des Vosges avec une petite pompe à piston sur le bord d'un évier également en grès rose, sous un grenier que parfumait la réserve de foin et au-dessus d'une cave où, l'hiver, macérait la choucroute dans un grand pot de grès. La vie était dure, mais bien moins que dans les cités ouvrières de la France de l'intérieur : la législation sociale allemande, que l'on avait maintenue, était en avance sur la législation française et l'environnement rural était bien plus sain que l'environnement urbain. Les produits de la terre apportaient en outre un complément de ressources quand on pouvait les vendre au marché. Pour cela, il ne fallait pas ménager sa peine et ne pas craindre de faire des kilomètres à la rencontre des clients. Il est ainsi arrivé à la mère de Maria de franchir les Vosges à pied, ses paniers au bras, pour se rendre au marché de Phalsbourg. Encore heureux quand elle réussissait à tout vendre avant de rentrer ...

Cette famille était catholique. Bien qu'il y eût quelques juifs, le village se partageait essentiellement entre catholiques et protestants, avec leurs propres écoles et qui son église, qui son temple, vivant en bonne entente sans toutefois se mélanger. Maria avait menée une existence heureuse entre ses parents, sa sœur aînée et ses deux frères, dont le dernier, Joseph, était encore un tout jeune homme au moment où nous nous sommes connus. Elle avait obtenu son certificat d'études en allemand vers 12 ans et pris quelques cours de couture et d'enseignement ménager avec des bonnes sœurs, en même temps qu'appris secrètement le français. À 18 ans, comme beaucoup d'Alsaciennes ou de Bretonnes à l'époque, par l'entremise du bureau de placement de Saverne, elle avait trouvé un emploi de domestique en ville, pour se constituer une dot, en ce qui la concerne, chez Husson, place qu'elle ne quittera qu'à la mort du maître, peu avant de se marier, pour servir quelque temps chez des Suisses où elle découvrira étonnée la cuisine sans matière grasse...

***

Chez Dunlop, comme j'étais sur le point de me marier, le directeur me proposa cette fois d'entrer au service entretien : le travail ne manquait pas d'intérêt, je serais mensualisé, ma paie serait améliorée et augmentée de substantiels frais de déplacement. J'acceptai sans hésiter. Ce qui ne fit pas le bonheur de M. Mialeau: « *Moi qui vous avais en quelque sorte formé pour devenir directeur d'un service technique... J'avais même pensé à vous pour un poste en*

Tunisie ! — Mais alors, lui répondis-je, *pourquoi ne pas m'en avoir parlé plus tôt ? Si j'avais su les projets que vous formiez pour moi, je n'aurais pas accepté la proposition de M. Lagneau. Maintenant, c'est fait. Je ne peux plus revenir là-dessus ».* En fin de compte, le hasard a peut-être bien fait les choses. Si j'étais parti en Tunisie, je m'y serais trouvé au moment de l'invasion allemande puis de l'arrivée des Alliés; j'aurais vraisemblablement été incorporé dans la 1ère Armée française qui a combattu en Italie, et qui sait ce que je serais devenu ?

Le travail du service « entretien » consistait à gérer l'équipement en pneumatiques des compagnies d'autobus ou des entreprises de transports ayant passé un contrat avec Dunlop qui les équipait et dont ils payaient les services au kilomètre parcouru.

Je fus d'abord affecté à Metz où je pris mes fonctions le 31 décembre 1932, à la Société Générale des Transports Départementaux de Lorraine (SGTD) qui couvrait la Meurthe-et-Moselle, la Moselle, la Meuse et les Vosges et qui venait de quitter Michelin pour faire appel à Dunlop. Il fallut alors vérifier tout l'équipement, racheter à Michelin les pneus en bon état et remplacer par du Dunlop tous les pneus usagés, un travail que j'effectuai avec un inspecteur de Paris dont je n'ai jamais eu à me plaindre. C'était quelqu'un de bien avec lequel j'ai entretenu de bons rapports et qu'il m'est même arrivé d'inviter chez moi.

***

Enfin, le 12 août 1933, l'abbé Picot célébra notre mariage à la cathédrale de Nancy, sur l'autel de St Joseph, en toute discrétion: Maria venait de perdre subitement sa mère un mois auparavant, à l'âge de 59 ans, usée par une vie laborieuse à laquelle son cœur n'avait pas résisté. Le repas de mariage se passa assez tristement chez mes parents en présence de Linette, de Marguerite et de son mari Fernand, de Louis et de sa femme Antoinette... Le soir même, nous prenions le train pour aller en guise de « voyage de noces » passer quelques jours à Paris, Maria enveloppée dans ses voiles de deuil.

Et nous sommes revenus, mari et femme, pour nous lancer ensemble dans l'existence à deux, ce que je n'ai jamais regretté. Il nous fallait d'abord un toit, que nous trouvâmes tout près de chez mes parents. Le logement s'était trouvé libre à la suite du décès de son occupant qui s'y était pendu. Les gens nous disaient: « *Quoi, vous n'avez pas peur d'habiter la maison d'un pendu ?* » Et je leur répondais: « *Au contraire, la corde de pendu, il paraît que cela porte bonheur !* » Au soir de ma vie, je suis près de le croire. Car si nous avons, comme tout le monde, connu des ennuis, je peux dire que le bilan de notre existence est « globalement positif ».

Maria avait apporté son trousseau et ses économies, avec lesquelles nous avons pu acheter nos premiers meubles, et moi, mes bras, ma bonne volonté et le montant de ma dernière paie. J'avais acheté les alliances en vidant le livret de caisse d'épargne qu'on avait ouvert à mon nom à l'école, à titre de récompense publicitaire. Je partais à Metz le lundi et je revenais le vendredi soir. En semaine, je logeais dans une pension agréable, rue de la Chèvre, une rue dont il ne reste presque plus rien aujourd'hui, le quartier, rénové, étant occupé par un Novotel et un grand centre commercial. J'en réglais les frais sans toucher à mon salaire grâce à mes indemnités de déplacement. Mais cela ne pouvait pas durer. Il fallait que Maria puisse me rejoindre à Metz où il n'était pas facile de trouver un logement. Heureusement, un employé du bureau de la SGTD qui allait déménager me proposa de reprendre le sien, à quelques pas de ma pension. L'affaire fut rondement menée. Et c'est ainsi qu'après avoir été quelques mois séparés, nous avons pu définitivement nous retrouver ensemble dans notre nouvel appartement. Notre logement donnait sur la cour. Comme il était plus spacieux que celui de Nancy, il nous fallut compléter notre ameublement. Le reste des économies de Maria y passa.

Trois petits tours

À la SGTD-Metz 1933

Chapitre V
Metz, port d'attache

Chez Dunlop, au service entretien, en tant que monteur-vérificateur, je touchais 1200 F par mois et 58 F d'indemnité pour chaque jour de déplacement, à une époque où beaucoup d'ouvriers ne gagnaient que 20 F par jour. J'avais Metz pour point d'attache et je visitais les dépôts SGTD de Moselle et de Meurthe-et-Moselle. En Moselle, j'allais tous les mardis à Forbach, où mes rapports étaient excellents avec les chefs du secteur, à Thionville, à Dieuze, et en Meurthe-et-Moselle au grand centre de Nancy et dans quelques petites villes des environs. Comme nous avions tout rééquipé à neuf, mon travail était limité à la surveillance et à quelques rares réparations. Je m'arrangeais pour finir ma semaine par une journée complète à Metz, ce qui me permettait d'être le samedi et le dimanche à la maison.

***

A cette époque, en 1933, j'ai assisté à ce qu'on a pu appeler la « bataille des transports », triste illustration de la manière dont les petits mangent les gros. Au moment où se sont développés les transports en commun automobiles, de nombreuses petites entreprises artisanales s'étaient crées avec un ou deux autocars, à côté de grandes sociétés comme les Transports Citroën ou les Transports départementaux. Ces deux grandes compagnies ont voulu imposer leur monopole dans les départements de l'Est, notamment en Moselle, où certaines lignes, comme Metz -Thionville, étaient très fréquentées du fait des grands travaux engagés pour la construction de la ligne Maginot. Elles ont commencé par baisser considérablement leurs tarifs: elles étaient arrivées à faire payer 50 ou même 25 centimes des billets d'une valeur normale de 5 F. Les petits transporteurs ne pouvaient évidemment pas suivre. Quand ils ont disparu les uns après les autres, les grandes compagnies se sont partagé les secteurs et ont pu alors relever leurs prix. J'ai connu l'un de ces petits transporteurs. Quand il avait vendu son entreprise, il avait réussi à se faire employer par les Transports départementaux. Au début, on l'a laissé rouler. Puis, on l'a relevé et affecté à l'atelier. Je l'avais souvent à ma disposition comme manœuvre et bien souvent je l'ai invité chez nous. Mais de se voir ainsi rétrogradé et humilié, il s'est mis à boire. Il est parti de lui-même ou bien on l'a renvoyé et il a échoué comme manœuvre dans les hauts-fourneaux du côté de Thionville. Quelques mois plus tard, j'ai appris qu'il était tombé dans une cuve de métal en fusion. Au fond de moi-même, je me suis dit que les responsables de sa mort, ceux qui l'avaient proprement assassiné, c'étaient bien les grandes compagnies.

***

Au bout de quelques mois, je reçus une note m'indiquant qu'on allait m'affecter aux deux autres départements, Meuse et Vosges, et que je serais doté d'une automobile. On me donnait huit jours de congé pour apprendre à conduire. À l'issue de mon stage à Nancy, en 1933, je réussis haut la main l'examen du permis, le directeur de la succursale Dunlop de Nancy, ayant passé en temps utile un coup de fil opportun à l'inspection des permis de conduire pour qu'on ne me cherchât pas de poux sur la tête... Mais comme me dirent à la fois mon moniteur d'auto-école et l'inspecteur, « *ce n'est pas parce que vous avez votre permis que vous savez conduire. C'est avec le temps que vous deviendrez un bon conducteur.* » Comme l'hiver était commencé, on ne m'a pas tout de suite affecté une voiture et je n'ai pas eu immédiatement l'occasion de faire mes preuves au volant. J'ai continué à voyager en autocar et en chemin de fer. Ce n'était pas désagréable. J'étais jeune, bien indemnisé, je pouvais bien vivre et, n'étant ni joueur, ni coureur, ni buveur, il me restait encore de l'argent sur mes indemnités.

Pour ne pas perdre la main, dans la Meuse par exemple, où les autocars étaient de petits Chevrolet rachetés à l'Armée américaine, comme il n'y avait guère de voyageurs, les lignes de service public n'étant déjà maintenues que grâce à des subventions, en l'occurence celles des PTT qui avaient d'ailleurs installé des boîtes aux lettres sur les cars, je prenais parfois le volant que me laissaient complaisamment les chauffeurs en titre.

Une fois, l'un de ces chauffeurs m'avait invité à venir passer la soirée et la nuit chez lui. En attendant le retour de sa femme, il m'avait donné rendez-vous dans l'auberge de son village. A peine arrivé, des mères de famille se bousculèrent pour me présenter leurs petits: « —*Voici mon petit Léon. Vous savez ; il n'apprend pas très bien, mais son père... et patati et patata... —Mais, demandai-je, pourquoi me racontez-vous tout cela ? — Ben, c'est bien vous l'instituteur remplaçant ? On nous a dit qu'il arrivait ce soir. —Mais je ne suis pas instituteur ! Demandez au chauffeur, je suis le monteur Dunlop... — Oh ! Monsieur, me répliqua l'une de ces femmes, avec des mains comme vous avez, vous aurez beau dire, vous n'êtes sûrement pas un ouvrier !* »

Dans les Vosges, je voyageais avec un chauffeur qui savait que, s'il n'avait pas eu de passagers à l'aller, il n'en aurait pas au retour. Alors il abrégeait la tournée et revenait par l'itinéraire le plus court. Un jour, dans un des villages traversés, dans l'auberge auprès de laquelle se trouvait l'arrêt d'autocar, se déroulait une noce de campagne. Il s'arrêta et, pris d'une inspiration subite, lança à ses quelques passagers: « *Est-ce que cela vous dirait d'aller faire un petit tour à la noce ?* » Les voyageurs n'étant pas spécialement pressés acceptèrent et nous passâmes ainsi deux heures agréables avec la famille en fête à danser, boire et manger. À cette époque, même les conducteurs de train prenaient des libertés avec l'horaire. Il fallait parfois attendre la fin d'une partie de cartes ou de billard pour repartir.

Et un beau jour, en arrivant à Saint-Mihel, que vois-je devant la porte du garage de la SGTD où je me rendais ? Une petite fourgonnette toute neuve portant en grandes lettres l'inscription « **Dunlop** » ! Je me dis: « *Ça y est, c'est sûrement pour moi* ». C'était une *Rosengart*, surnommée, en raison de sa forme, « le pot à tabac ». J'aperçois alors l'inspecteur, qui m'accoste et me dit: « *Voilà, Mourot, c'est à vous. Mais nous allons rester quelques jours* *ensemble, le temps que vous ayez la voiture en main »*. C'était un mercredi ou un jeudi. Nous avons fait la tournée comme je devais la faire et le samedi, il m'annonça: « *Eh! bien maintenant, voilà les clés, voilà les papiers, vous pouvez rentrer à Metz ; moi je vous dis au revoir ».* Je n'étais pas fier. Il pleuvait et il y avait du brouillard. De Saint-Mihel à Metz, je ne connaissais absolument pas la route... Quand je suis arrivé en haut de la côte qui domine Maidières lès Pont à Mousson, mon village natal, je ne voyais rien. La descente était très sinueuse. Un cycliste que j'avais rejoint se rendit compte de que j'avais du mal à me diriger. Alors, il est resté devant moi, et je me suis guidé sur son feu rouge. C'est ainsi que j'ai réussi à descendre la côte sans encombre. Mais entre Pont-à-Mousson et Metz, il n'y avait pas de bornes indicatrices de type Michelin, comme on en a installées plus tard. Il faisait nuit. Je n'avais pas de carte, pas de lampe électrique. Alors, bien des fois, je m'arrêtais, je grimpais en haut des poteaux indicateurs, des poteaux à l'ancienne, en fonte et, à la lueur de mon briquet j'essayais de lire ma direction . Finalement, j'ai réussi à atteindre Metz...

C'est à partir de ce moment qu'ont commencé mes tournées dans les quatre départements. Comme j'entretenais d'excellentes relations avec les chauffeurs de car, j'avais progressivement, organisé des relais de façon à ce que, lorsque j'avais à visiter les voitures isolées, je n'aie rien à faire : je faisais conduire au centre (par exemple, pour la Meuse, à Saint-Mihel) les roues à réparer par un chauffeur qui, réparations faites, les ramenait ensuite à leur point de départ...

Plus tard, on m'a attribué une 201 *Peugeot*, en remplacement de la *Rosengart* rendue inutilisable à la suite d'un accident que j'avais eu à Nancy, de nuit, à un carrefour. Après un appel de phare auquel on n'avait pas répondu, je m'étais engagé... pour me faire emboutir par un véhicule venant de côté sans prévenir. Et je me suis retrouvé à l'hôpital. Ce n'était heureusement pas grave, et cela me permit de rester quinze jours à la maison.

Quand je faisais mes tournées en voiture, je devais aller contrôler un petit autocar dans un village perdu de la Meuse. Lorsque j'arrivais, en été, à l'époque de la fenaison ou de la moisson, je trouvais souvent l'auberge fermée, le patron étant un petit aubergiste paysan. Je savais où était la clé. Comme il connaissait le jour de mon passage, il y ajoutait un petit mot m'indiquant où je pouvais le trouver. Alors je laissais ma voiture devant la porte et j'allais le rejoindre là où il travaillait avec les gens de sa famille. Je les aidais dans leurs travaux, je revenais avec eux et je cassais la croûte, sans payer, évidemment. Les mentalités de ce temps-là n'étaient pas celles d'aujourd'hui. Je revenais souvent de mes tournées avec un cageot de légumes, de l'eau-de-vie ou d'autres cadeaux....

En 1936, après les mouvements sociaux auxquels il ne m'avait pas été donné de participer, fut votée la loi des 40 h. Avec mes déplacements, je dépassais largement cette durée. Alors, progressivement, le travail s'est réorganisé. J'ai arrêté de voyager avec une voiture et j'ai recommencé en train et en autocar, sur deux secteurs seulement, la Moselle et la Meurthe-et-Moselle. Ce n'était pas désagréable et beaucoup moins fatigant. Bien souvent, quand je conduisais, je rentrais le soir exténué, alors qu'après le réaménagement, j'étais frais et dispos en rentrant à la maison.

***

Le 4 novembre 1934, un dimanche à 16 h 15, Maria donna naissance à un petit garçon auquel furent donnés les prénoms *Jean* —il sera toujours notre Jeannot— *Joseph* —comme son grand-père maternel— et *Eugène* —comme son grand-père paternel. Au retour de ma tournée de la semaine, j'avais juste eu le temps de la conduire à la maternité. Et le petit était venu sans problème. On imagine notre joie à tous les deux.

Quelques jours plus tard, nous l'avons ramené, chaudement emmailloté, à la maison où nous l'avons installé dans la grande salle à manger de notre appartement. Nous avions derrière notre chambre et un petit débarras où Maria mettait le linge à sécher. Les WC étaient sur le palier, nous n'avions que l'éclairage au gaz, mais nous disposions d'un grand nombre de placards fort utiles à nos rangements.

Après cette naissance, nous avons continué notre vie tranquille, à trois désormais. Maria était à la maison; moi, je voyageais. Bien souvent, quand Jeannot est devenu un peu plus grand, le dimanche, en été, nous allions pique-niquer dans les environs de Metz. Nous avions un lieu de prédilection : Gorze. S'il faisait beau, je fonçais au bureau de la SGTD où je demandais un permis de transport gratuit pour toute la famille (j'avais personnellement une carte me permettant de circuler partout). Maria pendant ce temps-là préparait le pique-nique. On mettait la nourriture dans des boîtes bien enveloppées. On emportait à boire, sans oublier une petite bouteille de pastis, et en arrivant dans la campagne, on avait tout sous la main, y compris un petit ruisseau pour mettre la boisson à rafraîchir... Le revers de la médaille, c'étaient souvent les moustiques qui venaient nous dévorer ! Le soir, nous revenions par le car, après avoir avalé un demi bien frais au café avec le chauffeur et nous rentrions contents de notre journée.

De temps en temps, nous allions passer la fin de semaine, voire même quelques jours de vacances, à Monswiller. La gare, sur la ligne Metz-Strasbourg, n'était qu'à quelques centaines de mètres de la demeure des parents de Maria. J'aimais bien ce village, la petite maison familiale, avec son jardin et son pré proche de la Zorn, ainsi que Saverne, et je m'entendais bien avec le père Hausser. Nous aimions particulièrement monter à travers bois jusqu'au Haut Barr, un vieux *burg* en ruine qui dominait la petite ville et dans lequel on trouvait une auberge où l'on pouvait déguster de succulents casse-croûtes de charcuterie alsacienne arrosés d'un pichet de vin d'Alsace bien frais...

En mars 1937, sacrifiant à l'engouement général pour le dépaysement permis par la généralisation des congés payés, nous partîmes en vacances à Nice. Par le syndicat, j'avais eu l'adresse d'un collègue de cette ville auquel j'avais écrit pour qu'il nous trouve une pension à un prix raisonnable. Nous avions quitté une région plutôt glaciale en cette saison pour débarquer dans une autre où c'était presque la canicule. Au collègue qui devait nous accueillir, j'avais écrit: « *Tu nous reconnaîtras facilement, tu n'as qu'à guetter un jeune couple avec un petit enfant.* » Quand il réussit enfin à nous trouver, il me railla gentiment: « *Mon pauvre Mourot, si tu savais combien il a pu en passer, de jeunes couples avec un petit enfant ! Le principal, c'est que je vous aie trouvé. Dépêchez-vous, j'ai amené un bus de la compagnie où je travaille. Il va vous conduire à votre pension .* » C'était une pension modeste, mais très convenable, où l'on mangeait bien. Le patron, Monsieur Célestin, avait une petite fille nommée Céleste, que nous emmenions avec nous. C'est là que Jeannot, qui avait de longs cheveux, a accepté de se les faire raccourcir, ce qu'il avait jusqu'alors refusé. Il avait fait une telle comédie le jour où, pour qu'il ne ressemble pas à une fille, nous l'avions emmené chez un coiffeur, que celui-ci, excédé, avait déclaré forfait. À Nice, il s'était habitué à un coiffeur qui tenait boutique en face de notre hôtel et, avec la présence rassurante de Céleste, il s'est enfin laissé couper les cheveux...

Metz, port d'attache

Comme il commençait à être un grand garçon (il avait environ 3 ans) nous l'avons, la même année, laissé à Nancy chez mes parents pour aller visiter à Paris la grande exposition universelle, avec ses inquiétants pavillons soviétique et surtout allemand. L'Allemagne recommençait à faire peur. Mais ce qui nous plaisait pour l'heure, c'était l'occasion d'un tour du monde sur place et la découverte des merveilles dont était capable le génie humain.

Pendant l'été 1937, nous avions une fois de plus changé de logement pour nous installer dans un appartement plus confortable … et sans punaises ! Maria supportait difficilement ces insectes répugnants qui la dévoraient, provoquant d'énormes enflures urticantes, et ils abondaient dans le parquet de notre appartement de la rue de la Chèvre où ils se réfugiaient, nous empêchant de les exterminer. Notre logement se trouvait au premier étage d'un immeuble de rapport plus moderne, rue aux Arènes, dans le quartier des Sablons en voie d'urbanisation où subsistaient encore quelques terrains vagues en contrebas de la voie de chemin de fer, derrière la gare,. On y entrait par un vestibule donnant sur une cuisine complétée par une arrière-cuisine très appréciée de Maria, sur une grande salle à manger, une grande chambre et une petite pièce initialement prévue pour être une salle de bain mais qui, faute d'être aménagée, devint la chambre de notre fils. Nous avions l'électricité, l'eau courante, les WC dans l'appartement mais, pour la toilette, la seule eau froide et la classique « pierre à eau » de la cuisine.

Le dimanche matin, j'aimais aller me promener avec mon petit garçon. Nous montions par exemple au fort de Ham sur l'une des collines dominant la ville. Il marchait comme un grand mais n'arrêtait pas de jacasser. L'écoutant très distraitement, je lui répondais parfois machinalement. Et j'avais alors la surprise de l'entendre me reprocher de me contredire... En semaine, sa mère l'emmenait jouer sur l'Esplanade où il se régalait du spectacle de Guignol. À la Saint-Nicolas, nous l'emmenâmes à la grande parade organisée devant de la gare. Le prélat —ou tout au moins sa doublure— était apparu au balcon et avait béni la foule, qu'il avait traversée ensuite accompagné de son âne et du terrible Père Fouettard. Une autre fois, nous assistâmes ensemble à la projection du fameux dessin animé de Walt Disney « *Blanche-Neige et les Sept Nains* ». La marâtre-sorcière l'impressionna tellement qu'il en fit longtemps des cauchemars...

Trois petits tours

À cette époque, nous allions aussi parfois rendre visite aux frères et à la sœur de Maria. Joséphine habitait alors avec son mari à Clébourg, près de Wissembourg, dans le Bas-Rhin. Joseph était employé comme conducteur de travaux à la construction de la ligne Maginot. Ils étaient logés par le génie militaire dans une grande maison. Je m'entendais bien avec lui, même si je ne partageais pas toutes ses idées. Il m'avait emmené dans le village pour faire connaissance avec la population, notamment ses ouvriers, traditionnellement vignerons quand ils ne travaillaient pas sur le chantier. Nous étions partis de la maison à vélo mais, à la suite de trop nombreuses dégustations, ce sont les vélos qui nous guidèrent au retour. Heureusement, c'était du bon vin et le lendemain, nous étions frais et dispos. Il n'en fut pas de même avec le gros rouge d'Algérie que nous fit goûter à son tour l'instituteur-chantre de la paroisse...

Une fois, en fin de séjour, un adjudant devait nous conduire à Haguenau où nous allions prendre l'autocar pour Saverne où nous étions en vacances. Avant le départ, Joséphine nous avait préparé une bonne soupe grasse avec le jus de cuisson d'un jambon. Jeannot était sur les genoux de sa mère qui l'aidait à manger. Un moment d'inattention. Le gamin donne un grand coup de cuiller dans l'assiette et le bouillon gicle dans tous les sens, lui brûlant bras et jambes. Par bonheur, il restait à Joséphine une pommade dont elle s'était servie peu avant pour sa fille Nicole qui était tombée les mains en avant sur le fourneau et nous avons pu lui donner les premiers soins. Il mit du temps à guérir. La nuit, il fallait lui bander les mains pour ne pas qu'il s'arrache les croûtes au moment de la cicatrisation.

En 1938, nos vacances nous conduisirent l'été à Saint-Lunaire, où j'avais passé quelques mois pendant la guerre de 14. Nous avions trouvé une petite pension tout près du casino-hôtel où j'avais été hébergé à l'époque. La famille dans laquelle Anna Ham s'était vite retrouvée après la mort du père Husson, y avait une villa, « *Ker Guénolé* ». Le patron était le fils d'un grand médecin de Nancy, médecin lui-même, bénéficiant de la renommée de son père. Il avait engagé Anna pour s'occuper de ses enfants nés et à naître (il aura deux garçons et une fille). Elle deviendra leur gouvernante —leur nounou, leur véritable mère— et ils resteront toujours attachés à elle qui les considérera comme ses propres enfants. Elle s'occupera des petits-enfants avant de se retirer, très tard, dans son village natal de Gosselming, où elle finira ses jours. Je suis plus d'une fois allé la voir dans cette famille où j'ai toujours été bien reçu, y compris plus tard à Paris quand elle y aura élu domicile. Ce choix nous permit de la retrouver. Ce furent de merveilleuses vacances qui n'eurent hélas ! pas de suite avant longtemps...

***

Du 11 septembre au 1er octobre 1933, j'avais été convoqué pour une « période de réserve » au 18ème Génie, à Nancy. Je n'avais pas eu à en souffrir: je pouvais le soir rentrer chez mes parents et cela m'avait permis de retrouver certains de mes bons copains d'autrefois. En outre, cette absence n'était pas décomptée de mon temps de vacances et j'étais payé par Dunlop. J'appréciai beaucoup moins la « période d'instruction » du 21 août au 4 septembre 1938. Les bruits de bottes en Tchécoslovaquie nous faisant craindre le pire, nous nous attendions à être maintenus sous les drapeaux. Aussi est-ce avec soulagement que nous avons appris l'ouverture de la conférence de Munich, qui permit de nous renvoyer chez nous, et avec satisfaction la signature des fameux accords. Nous étions bien naïfs. Nous pensions que tout risque de guerre était écarté et que nous pouvions programmer un deuxième enfant. C'est ainsi que fut mise en route notre petite Ginette.

Elle naquit le vendredi 23 juin 1939, à 16 h 15, juste comme je rentrais de tournée. On imagine ma joie quand j'appris que c'était une fille ! Je courus rejoindre mes copains de la SGTD et nous avons arrosé cela ! Baptisée le 25 juin à la chapelle de la Charité maternelle, elle eut pour parrain le frère aîné de Maria, (François) Antoine Hausser, et pour marraine ma jeune sœur Jacqueline, âgée d'une quinzaine d'années. C'est pourquoi ses autres prénoms furent Jacqueline et Françoise.

Le 14 juillet, juste avant d'aller fêter à Saverne le mariage du jeune frère de Maria, Joseph, avec Georgette Dennis, accompagné du seul Jeannot, Maria ayant dû rester à Metz avec notre petite fille de trois semaines, nous assistions à une grande parade militaire. Devant un tel déploiement de force et la modernité de notre armée, avec ses engins modernes et ses blindés, nous ne doutions guère de sa capacité à nous protéger contre nos dangereux voisins, même si l'on avait encore fait manœuvrer des cavaliers comme ceux qui allaient s'élancer aussi vaillamment qu'inutilement contre les chars allemands en Pologne, quelques semaines plus tard... Mais il fallut bientôt se rendre à l'évidence:

Trois petits tours

nous n'éviterions pas l'affrontement. Petit à petit, nous nous approchions de la grande épreuve. A partir du mois d'août, apparurent les premières affiches de mobilisation. Et puis ce fut le tour des « n° 6 ». Cette fois, les carottes étaient cuites. J'avais ce numéro. Je devais donc immédiatement rejoindre mon centre mobilisateur.

Aussi, le 27 août 1939, après un dernier baiser à ma femme et à mes enfants, je pris le train pour Nancy. Ma drôle de guerre commençait.

Les deux « petits bonbons » que je devais laisser avec leur maman

Stage Michelin-Mars 1940

Chapitre VI
La fin d'un monde

En arrivant à Nancy, je passai embrasser mes parents et ma sœur Linette; puis j'allai faire mes adieux à ma sœur Marguerite. Après quoi, la mort dans l'âme, je rejoignis le centre de mobilisation du 18ème Génie qui m'envoya dans un village des environs, Oudelmont, où l'on regroupait le nouveau régiment. On pouvait encore espérer alors que, comme on le proclamait officiellement, « *la mobilisation n'était pas la guerre* », celle-ci ne devant finalement être déclarée que le 1er septembre 1939.

Deux ou trois jours après mon arrivée, on nous dirigea vers la frontière. Mes illusions sur la puissance et la modernité de notre armée se dissipèrent rapidement : notre transport se fit dans une improvisation totale et dans des véhicules de toutes sortes, depuis les petites fourgonnettes réquisitionnées jusqu'aux camions les plus divers...

Nous fîmes d'abord étape dans un petit village évacué qu'avaient déjà occupé d'autres troupes avant nous. En pénétrant dans les maisons, nous dûmes nous rendre à une triste évidence : elles avaient été pillées par nos prédécesseurs. Pour éviter que mes compagnons ne les imitent, je profitai de mon ascendant d' « ancien » (Âgé de 29 ans, j'étais l'aîné, et l'on m'appelait familièrement « Papa ».) pour leur faire remarquer que nous étions encore en France, que ces maisons auraient pu être les leurs et qu'il ne fallait pas se conduire comme en pays conquis...

Nous atteignîmes ensuite Sarre-Union, dans une région qui n'avait pas encore été évacuée. On nous logea chez l'habitant, dans un village des environs. Nous fûmes bien accueillis; mais il était évident que tout le monde vivait dans l'angoisse. On nous fit coucher sur la paille, mais comme nous étions jeunes, cela ne nous empêcha pas de dormir.

Le lendemain, nous fîmes halte dans un autre village, évacué, comme le premier. Là, des centaines de vaches rassemblées dans un parc, le pis gonflé, mugissaient de douleur en attendant qu'on vienne les traire. On demanda des volontaires pour s'en charger. Je n'avais jamais touché un pis de ma vie. Conseillé par quelques compagnons paysans, je me proposai néanmoins et je réussis ainsi, tant bien que mal, à soulager quelques unes de ces pauvres bêtes...

Peu après, nous atteignîmes la frontière, au nord de Sarreguemines. Caprice du hasard: une semaine plus tôt, ignorant de ce qui m'attendait, j'étais passé dans cette ville pour y contrôler les pneus d'une entreprise qui y avait un dépôt... Nous y avons attendu deux jours. Alors on nous dit : « *A présent, vous pouvez déballer vos paquets de cartouches.* » L'Allemagne venait d'envahir la Pologne, notre alliée. La guerre venait d'être déclarée. Peu après, les troupes dont nous faisions partie entraient en Allemagne, la zone où nous opérions n'étant pas défendue par les fortifications de la ligne Siegfried.

***

On demanda des volontaires pour assurer leurs liaisons téléphoniques. Foncièrement antifasciste, je me présentai comme dépanneur. J'avais lu dans les manuels d'instruction que nous devions disposer pour cela d'une trousse d'outillage spécial que je sollicitai naïvement de l'adjudant qui nous commandait. Pour toute réponse, il me demanda : « *—As-tu un bon couteau ? —Oui, bien sûr. —Eh! bien ce sera ta trousse de dépannage : il n'y a rien d'autre !* »

En Allemagne, nous nous installâmes à Auersmacher, un mignon petit village germanique, propret mais inquiétant. Nous redoutions les mines ou des tireurs embusqués. Sur la place du village, une bâche abritait déjà un tas de cadavres français. Une main dépassait qui portait une alliance. Le cœur serré, je me disais que celui-là avait peut-être, comme nous, écrit une lettre à sa famille avant d'entrer en Allemagne et qu'au moment de la recevoir, sa femme et ses enfants auraient peut-être déjà appris qu'il était mort...

 Pendant quelques jours, nous tînmes dans le village un grand central téléphonique qui permettait les communications de l'infanterie avec l'artillerie et l'aviation. Nous subissions parfois quelques tirs peu inquiétants de pièces de 78. Des commandos allaient faire quelques patrouilles dans les lignes ennemies pour ramener des prisonniers. Parmi ceux-ci, un jour, il s'en trouva un, d'un certain âge, pour clamer, tout réjoui: « *Gut ! Krieg fertig !* *(C'est bon! Finie la guerre!)* », sous le regard furieux de jeunes qui ne semblaient guère apprécier ce trop ostensible défaitisme. Nous eûmes aussi une fois l'occasion d'assister à un combat aérien entre trois ou quatre chasseurs-bombardiers anglais et des chasseurs boches qui les ont malheureusement abattus.

 Mais dans l'ensemble, le secteur était calme. Le ravitaillement était convenable et nous avions avec nous un bon chasseur qui nous rapporta deux fois un chevreuil. Il y avait également un jeune garçon de 20 ans qui avait été commis boucher chez une de mes cousines et qui fut bien entendu mis à contribution. Mes autres compagnons étaient des ouvriers, mais il y avait aussi un instituteur et un gardien de prison.

 Une offensive allemande étant attendue, ordre fut donné de se replier sur Sarreguemines. Il fallut déménager le central et démonter les lignes. Nous obéîmes sans excès de zèle, n'hésitant pas au besoin à sacrifier quelques mètres de fil. Et avant d'aller au rapport, nous prîmes le temps de casser tranquillement la croûte. Et tant pis si le lieutenant nous reprochait de ne pas avoir fait assez vite : nous avions pu suffisamment nous rendre compte de la couardise des galonnés qui ne venaient que furtivement nous rendre visite en première ligne pour ne pas en tenir compte. D'ailleurs, l'offensive annoncée n'eut jamais lieu.

 A Sarreguemines, on nous conduisit à la prison qui avait été vidée de ses occupants habituels. Ce fut pour moi l'occasion de découvrir l'univers carcéral. C'est d'ailleurs dans cette prison que devait être un temps interné le père de ma belle-sœur Georgette, l'épouse de mon jeune beau-frère Joseph qui sera enrôlé de force dans la *Wermacht*, après avoir été mobilisé comme sergent dans l'armée française, et qui disparaîtra sur le front de l'Est, quelques années plus tard, blessé au ventre alors qu'il tentait de se rendre aux troupes russes en clamant qu'il était alsacien. Ce cheminot sera accusé de sabotage par les nazis quand ils constateront un versement de sucre dans les wagons de benzine destinés à la *Wermacht*.

Notre central téléphonique était installé au sous-sol. Ceux que nous relevions nous avertirent: « *On vous laisse un tonneau de vin rouge et un tonneau de vin blanc* », ce qui nous fit particulièrement plaisir, car notre ravitaillement en carburant national n'était pas bien assuré. Nous les testâmes le soir-même et la puissance de nos chants fut telle que l'ordonnance du général qui logeait non loin de là dut venir nous transmettre l'ordre de faire moins de bruit ! Guère superstitieux, je m'étais installé pour dormir dans la cellule des condamnés à mort dont les fenêtres avaient l'avantage d'être obturées par des volets métalliques sur lesquels je comptais pour me protéger des éclats en cas de bombardement. Le dénuement monacal de la pièce ne me gênait pas. J'avais entassé plusieurs matelas sur la couchette de pierre et j'y passai des nuits tranquilles... Le secteur étant calme, nous allions la nuit faire quelques incursions dans la ville évacuée en quête de bonne fortune alimentaire. C'est ainsi que je découvris, avec un plaisir non dissimulé, une brasserie avec une pompe à bière en état de marche où nous allâmes régulièrement faire notre plein quotidien. Jusqu'au jour où nous trouvâmes la place occupée par la popote du service cinématographique aux armées. De dépit, nous fîmes main basse sur tous les œufs durs qui avaient été préparés comme hors d'œuvre sur les tables avant de nous esquiver.

Au bout d'une dizaine de jours, notre service dut se replier dans le village lorrain d'Hellimer où nous fîmes suivre notre tonneau de vin rouge. Comme un officier du génie étant logé au premier étage du bureau de Poste où l'on avait installé notre central téléphonique, je jugeai habile de le prévenir. « *Mon capitaine, nous avons avec nous un tonneau de vin ; nous l'avons mis à la cave et nous souhaiterions l'y laisser, avec votre permission.* ». Il m'assura que cela ne le dérangeait pas du tout et nous pûmes profiter encore quelque temps de notre euphorisant trésor.

Tous les soirs, je téléphonais à mon frère Louis affecté, lui, au central de Toul, dans la zone non-évacuée. Mais nous dûmes rapidement mettre un terme à ces rendez-vous quotidiens car le service du contre-espionnage avait fini par s'émouvoir de ces conversations régulières entre l'arrière et le front...

Dans leurs patrouilles d'intendance, mes camarades découvrirent un jour un grand pot de grès qu'ils crurent rempli de plâtre. « *Du plâtre en pot, quelle drôle d'idée !* » Je leur fis comprendre qu'ils se trompaient : « —*Ce n'est pas du plâtre ; ce sont des œufs conservés dans le silicate de chaux !* ». C'était le mode de conservation que nous utilisions à la maison pour disposer l'hiver d'œufs achetés bon marché au cours de l'été. Comme mes camarades m'avaient choisi pour cuisinier —ce qui me permettait de couper aux corvées et aux missions techniques— j'utilisai ces œufs pour leur faire des « *vôtes* », ces épaisses crêpes lorraines, des beignets de pomme de terre et des omelettes bien entendu. Comme nous avions également découvert dans nos « patrouilles » des bandes de lard, je pouvais leur préparer toutes sortes de « petits plats ».

Cette vie de coqs en pâte dura une dizaine de jours jusqu'à ce qu'arrive l'ordre de descendre au repos, dans un village proche de Lunéville, Chanteheux, non loin de celui où j'étais allé autrefois faire un stage pour la verrerie Daum dans une usine qu'elle y possédait. Enfin bénéficiaire d'une permission, je filai aussitôt à Metz rejoindre les miens. On imagine quelle fut alors la joie de nos retrouvailles...

À mon retour, j'appris que le régiment avait quitté Chanteheux pour s'installer à Mailly, un village où j'avais des cousins, morts depuis, chez lesquels j'avais gagné un peu d'argent avant mon service militaire en les aidant aux travaux de la ferme. Inquiet pour mes affaires, je me rassurai en espérant que j'étais suffisamment apprécié pour qu'on se soit chargé dans les meilleures conditions du transfert de mon barda. Effectivement, je le retrouvai en bon état dans le grenier qui nous avait été affecté au village voisin d'Abaucourt où j'avais encore des petits-cousins. Au bout de huit jours, on nous transféra à Sivry, où nous passâmes une partie de l'hiver, un rude hiver, dont la chaude maison qui nous était affectée nous préserva fort heureusement. J'y recueillis un chien que j' appelai « *la Classe* » et qui me tint chaud aux pieds sous les couvertures pendant tout le temps où je pus l'avoir avec moi...

De là, je faisais des sauts à Nancy en auto-stop, à chaque fois que c'était possible, et je profitais de la compagnie de ma famille. Je fis bien, car après cela, je ne devais plus la revoir avant quatre ans (je ne reverrai mon père qu'un peu avant sa mort, sur un lit d'hôpital). Moins souvent mais toujours gratuitement, je me rendais aussi à Metz, par le car de la SGTD qui passait dans le coin et dont les chauffeurs me connaissaient bien. Une fois, je retrouvai femme et enfants chez la sœur d'Anna Ham, à Gösselming, où ils allèrent passer quelques jours.

Et nous eûmes un jour la surprise de voir arriver des inspecteurs de police pour nous interroger. Cela parce qu'à Chanteheux, au cours d'un de nos repas dans une auberge, nous avions rencontré un gringalet avec lequel nous avions eu une altercation d'après boire. On l'avait retrouvé le lendemain, noyé et sans son portefeuille. Comme les policiers avaient appris que nous nous étions disputés, ils avaient orienté vers nous leur enquête. Mais notre adjudant leur ayant assuré qu'au moment de la mort de la victime nous étions tous avec lui, nous fûmes définitivement mis hors de cause.

Ayant du temps pour réfléchir, je me demandai pourquoi Dunlop, compte tenu de mon âge et de ma situation de famille, ne m'avait pas inscrit comme affecté spécial. Je posai la question dans une lettre à la direction du service « Entretien ». On me répondit que, ne lui ayant pas déclaré mes enfants, je ne remplissais pas les conditions pour ce régime spécial. Aussitôt, j'entrepris les démarches nécessaires. Et quelques temps plus tard je fus appelé au bureau où l'on me déclara : « *Ça y est, Mourot, tu nous laisses tomber ! Tu es affecté à un service de dépannage-démonstration aux armées dans les pneumatiques. Tu rends ton paquetage et tu pars en stage aux usines Michelin, à Clermont-Ferrand. Tu y feras connaissance avec les différents pneus qui équipent le parc de l'Armée française* ». On devine ma jubilation. Mes copains me regrettèrent ; je reçus même un peu plus tard un mot du sergent, un conducteur du métro de Paris, me disant que, depuis mon départ, l'ambiance n'était plus la même... Mais moi, j'étais content de ne plus risquer ma peau. Mes ardeurs héroïques des débuts s'étaient bien calmées, ne serait-ce qu'à la vue des trains de minerai de fer partant pour l'Allemagne **après** la déclaration de guerre, un fer que les Allemands nous renvoyèrent sous une autre forme, plus explosive, quelque temps plus tard... Je n'étais plus volontaire pour les missions dangereuses, bien au contraire ! Je pensais désormais d'abord à moi-même. Pour ma femme et mes enfants, je me devais de revenir vivant. C'est ainsi que dans les derniers temps de notre séjour sur le front, on me chercha longtemps pour une mission en première ligne. Caché dans un arbre, j'avais attendu que la patrouille fût partie pour me manifester, prétendant m'être endormi et ne pas avoir entendu ceux qui m'avaient appelé… J'avais cessé de jouer au héros !

***

Avant de partir, je bénéficiai d'une permission de deux jours à Metz. Après mon régime de faveur, j'étais arrivé rond et gras, la lèvre supérieure ornée d'une belle moustache rousse. La petite Ginette avait poussé des hurlements en me voyant. Un quart d'heure après, Maria me l'avait fait couper!

Je partis le soir du 20 janvier 1940 pour Clermont-Ferrand où j'arrivai 12 h plus tard. J'étais affecté au dépôt 313. Comme je n'avais pas envie de loger à la caserne, je louai, avec un jeune camarade dont j'avais fait la connaissance, une chambre en ville. Au début, nous mangeâmes au restaurant : je touchais alors presque mon salaire de chez Dunlop (Salaire intégral en septembre et octobre 39. En novembre : 50% du salaire mensuel + 200 F par enfant. En décembre: 30% du salaire + 200 F par enfant + 1131 F de gratification spéciale de fin d'année). Mais lorsque nous avons appris que l'ordinaire de la caserne était très convenable —c'était une femme adjudant qui s'en occupait— nous cessâmes nos dépenses inutiles et nous prîmes nos repas au quartier tout en continuant de dormir en ville. Les cours avaient lieu aux usines Michelin. J'y retrouvai plusieurs monteurs Dunlop. Et je fis connaissance de monteurs Michelin et Englebert. Pendant nos loisirs, nous nous promenions dans les environs. C'est ainsi que nous fîmes à pied, un dimanche, l'ascension du Puy de Dôme…

Après quinze jours de stage, le 2 février 1940, dotés d'une camionnette *Citroën* toute neuve aménagée en atelier de réparation-démonstration pour les pneumatiques, je partis un matin pour Paris. Je faisais partie d'une équipe de quatre (un « Englebert » et trois « Dunlop », dont l'Alsacien Metzger chez qui j'avais été invité avec Maria à Strasbourg avant la guerre), commandée par un sergent de chez Michelin. Nous passâmes la nuit à Colombes, chez un camarade d'une autre équipe dont la femme, prévenue par téléphone, nous reçut royalement.

Le lendemain, nous devions nous rendre à Ollencourt, dans l'Oise, à quelques kilomètres de Compiègne. Nous mîmes deux jours pour y arriver ! On nous installa dans un coin de la brosserie désaffectée qu'occupait le centre de réparation automobile. Je devins par la suite l'ami du concierge qui avait la garde de l'usine. L'équipe technique était constituée, mais il nous manquait un manœuvre. On nous affecta un éleveur du Calvados, Félix-Désiré Marie, dit *D'siré*, qui, ne sachant ni lire, ni écrire, me demanda de rédiger les lettres à sa femme et de lui lire ses réponses. C'est ainsi que nous sommes devenus bons amis. « *J'sais pas lire*, disait-il, *j'sais pas écrire, mais garçon, j'sais compter !* ». Et de fait, il savait si bien compter qu'il avait un beau patrimoine et qu'il sut le faire fructifier.

Nous avons ensemble sillonné les départements limitrophes de l'Oise pour y visiter les unités motorisées. Presque partout nous étions bien reçus et nous avons passé de bons moments, ne manquant pas une occasion de festoyer, notamment au restaurant en cours de route. Bien souvent, sur le chemin du retour, dans la camionnette, à la demande des copains, je poussais la chansonnette. D'siré aimait bien « *la Petite Ville* » qui lui rappelait sa femme, Olive, et son hameau, la Vacquerie, près de Caumont-l'Eventé. La vie au parc était assez libre, la nourriture bonne, la discipline inexistante —les gradés cherchant plutôt à être en bons termes avec nous— et nous pouvions aller et venir dans le village à notre guise. Du 11 au 25 mars, je bénéficiai même d'une permission qui me permit de passer quelques jours à Metz, avec une brève escale à Nancy au retour. C'est alors qu'après avoir assuré ma sauvegarde, je songeai à en faire de même pour Maria et les enfants.

***

Je sentais bien que la petite guéguerre du moment, celle qu'on a appelé la « drôle de guerre », ne durerait pas. Lorsque les nazis attaqueraient, Metz se trouverait en première ligne. Je me mis donc en quête d'une habitation à l'intérieur du pays pour y mettre ma famille à l'abri. Il se trouvait justement une maison à louer dans le village voisin de Tracy-le-Mont. Il y avait là quelque vingt-cinq chambres sur trois niveaux et un grand jardin. J'y louai un appartement et je commençai même à préparer la terre, avec l'aide de quelques copains, avant d'ensemencer quelques carrés et massifs. Metz étant située dans la zone des armées, je me renseignai sur les formalités à accomplir pour être autorisé à la quitter. Quelque temps plus tard Maria avait toutes les autorisations nécessaires, notamment un sauf-conduit délivré par le bureau de la circulation de la gendarmerie de Metz, valable du 9 au 20 mai 1940, et la disposition d'un camion de déménagement...

LA FIN D'UN MONDE

Le 9 mai, mon camion et ses déménageurs étaient à Metz, bien pressés d'en repartir. Il faisait beau. Des collègues non-mobilisés auxquels j'avais écrit pour demander de l'aide étaient venus donner un coup de main. Tout se passa très vite. Hitler venant d'ordonner l'offensive à l'ouest, le bombardement des aérodromes commença dans la nuit du 9 au 10. Comme nous habitions à Metz-Sablons tout près de l'aérodrome de Frescaty, il ne fallait pas s'attarder. Le 10 mai au soir, après un voyage ponctué d'arrêts pour attendre la fin des bombardements avant de traverser les villes, le camion et ses passagers étaient à Tracy où je les accueillis avec joie et soulagement. Quelques semaines plus tard, les Allemands étaient à Metz. Si nous avions traîné, je n'aurais pas pu y retourner, n'étant messin que de fraîche date. Et Maria aurait eu à choisir entre le retour au sein du Reich allemand, avec la soumission au nazisme que cela supposait, ou partir en emportant en tout et pour tout ses bagages à main et la somme de 20 000 F, soit à peu près un an de mon salaire.

Le 13 mai, c'était la percée des Ardennes. Les troupes allemandes déferlaient sur une France saisie de stupeur. Le 16 mai, il fallut évacuer d'urgence le parc de réparation. Le tour des civils devait venir quelques jours plus tard. La retraite commença à midi. Nous, les réparateurs, partions les derniers pour être en mesure d'assurer d'éventuels dépannages. Nous aurons ainsi régulièrement l'occasion d'apercevoir au loin des éléments de l'avant-garde allemande... A trois heures du matin, nous atteignîmes Saint-Vincent-au-Bois, près de Vernon où nous nous installâmes pour quelques jours...

Quand l'occasion se présenta, le 23 mai, je me portai volontaire pour aller chercher des camions restés à Ollencourt. Je profitai de l'occasion pour monter à Tracy-le-Mont abandonné par sa population. J'appris plus tard qu'une semaine après son arrivée, Maria avait dû reprendre la route, à pied, avec, dans son landau, notre petite fille de moins d'un an qu'elle allaitait encore, ce qui éluda le problème de son alimentation, et à ses côtés notre petit garçon de 5 ans que des paysans complaisants avaient fini par prendre sur leur chariot. La cohorte s'était arrêtée le soir, épuisée, sous un hangar à proximité d'une gare où un Parisien compatissant ayant remarqué Maria avec ses enfants, lui avait proposé de l'emmener chez lui à Asnières que sa propre femme et ses enfants venaient de quitter...

Notre maison était déjà occupée par la troupe. Un gradé me prit à partie et me demanda ce que je venais faire. Je lui répliquai assez vivement : « *Non, mais dites-donc, on est en France. Et ici, je suis chez moi !* » Et je me mis à remplir une malle d'osier qui nous venait de Maria de tout le linge que je pus emporter.

Le lendemain, après avoir essuyé quelques rafales de mitrailleuses de *Messerschmitts*, nous repartîmes pour Vernon. Je déposai la malle dans un village voisin, chez des fermiers dont j'avais fait connaissance. Je ne la récupérerai qu'après l'armistice. Les paysans auront eux-mêmes été évacués et à leur retour, ils auront retrouvé sur leur table une de nos nappes pleine de déjections… Après quoi, nous revînmes à notre cantonnement au terme d'une aventureuse équipée au volant d'un véhicule pratiquement dépourvu de freins.

Maria m'ayant fait connaître son adresse à Asnières, j'avais d'abord eu l'intention de lui conseiller de rejoindre le secteur qui avait été désigné par l'Administration pour l'accueil des réfugiés de l'Oise. J'en avais parlé à *D'siré*, qui était occupé à jouer aux cartes. Sur le moment, il ne fit aucun commentaire. Mais quelques instants plus tard, il vint à moi et me dit : « *Tu sais Henri, pour ta femme et tes enfants, je vois peut-être une solution. Depuis que je suis mobilisé, ma femme et mon petit Marcel vivent avec ma mère dans notre grande maison. Si tu veux, ta femme pourrait venir s'installer avec tes enfants à côté, dans la petite maison de ma mère qui est libre. Tu n'as qu'à écrire aux miens pour leur annoncer que je leur envoie la famille de mon ami Henri, et tu n'as plus à te faire de souci. Je connais Maman, je connais Olive… Ils seront bien reçus.* » L'avenir prouva qu'il avait raison. J'ai donc écrit à Olive et à Maria. Et ma lettre à la Vacquerie arriva presque en même temps que mes réfugiés qui furent accueillis à bras ouverts. Évidemment, la maison qu'ils s'apprêtaient à occuper n'avait pas tout le confort moderne. C'était une vieille maison en pierre avec un feu dans l'âtre. Maria dut apprendre à cuisiner à l'ancienne, directement sur le feu de bois. On lui fournissait des fagots, du beurre, de la crème, du lait, des œufs, des légumes… Elle apprit en particulier à faire cuire dans l'âtre les traditionnelles galettes de sarrasin… Mais elle put y attendre sereinement la fin de la guerre qui, au train où avançaient les armées allemandes, ne devait pas tarder à survenir.

***

Le 8 juin, les Allemands nous avaient pratiquement rejoints. Nous assistâmes, atterrés, le soir, au bombardement de Vernon dont les objectifs ne pouvaient pas être exclusivement militaires: il fallait terroriser les populations... Le lendemain, nous prenions la route du sud... Le soir, à Dreux, nous rencontrâmes une pauvre jeune réfugiée en pleurs qu'on avait rejeté de partout avec son bébé et qui se demandait où elle allait passer la nuit. Furieux et rendu courageux par un léger excès de boisson, j'allai bruyamment interpeller le maire et le sommer de lui trouver un hébergement. Je ne quittai cette pauvre femme déprimée que lorsqu'elle eut réussi à s'endormir avec son petit, dans le lit où on l'avait installée.

Notre retraite se poursuivit tranquillement, seulement troublée par quelques mitraillages et lâchers de bombes qui ne nous firent aucun mal et ne me coupèrent pas l'appétit : mes copains me rappelèrent longtemps un échange entre chasse allemande et DCA française au cours duquel j'avais prudemment tourné autour d'un arbre, à l'opposé des *Messerschmitts,* sans pour autant lâcher mon casse-croûte et le quart de vin que je tenais à la main... Nous nous arrêtions le soir dans des bois, dissimulés à la vue de l'aviation ennemie. Par malchance, la pluie se mit à tomber. Nous n'avions pour tout abri que nos toiles de tente individuelles que nous rassemblions et sous lesquelles nous ne pouvions nous allonger complètement sans faire dépasser nos pieds...

La Loire fut franchie dans la nuit du 14 juin, à Langeais. Ce fut pour moi l'occasion de découvrir pour la première fois des vers luisants ! À Confolens, j'eus à dépanner un monteur que j'avais connu avant la guerre. Peu après, notre vieille camionnette de renfort finit par nous lâcher, la barre d'accouplement brusquement cassée. Pris dans une colonne de réfugiés, nous n'allions heureusement pas vite ce qui nous évita d'être blessés voire tués dans l'accident. Il nous fallut abandonner notre voiture sans pouvoir la remplacer, alors que nous passions devant des parcs où stationnaient, inutiles, de nombreux véhicules tout neufs, gardés par des sentinelles dont la présence nous empêchait de les « emprunter ». Le 15, nous étions pour quelques jours à Dangé. Le 16, Pétain demandait l'armistice. Le 18, nous étions à Villars où il nous fallut subir un bombardement. Le 20 juin, à Chavaniac où l'on nous muta à la 321ème compagnie, à Echourniac, en Dordogne. Nous y arrivâmes le 21. Le 24, notre retraite se termina à Tombebeuf, dans le Lot-et-Garonne. C'est le lendemain, à 8 h du matin, que nous apprîmes la signature de l'Armistice. Ce fut un soulagement unanime, car nous nous nous rendions bien compte que tout était perdu et qu'il ne servirait à rien de continuer la guerre « pour l'honneur ». Si nous avions entendu l'appel de de Gaulle nous l'eussions vraisemblablement pris pour un fou…

Tombebeuf était situé dans une région surtout consacrée à la culture de la vigne et des fameux « pruneaux d'Agen ». Cantonnés dans un château inhabité, nous avons vite abandonné la place aux puces et nous avons dormi sur les sièges des véhicules rassemblés dans la cour. Une de nos tournées de prospection vinicole nous conduisit à un mas qu'occupait, à Tourtrès, une jeune femme et son fils, de l'âge du mien. C'était là qu'on produisait, disait-on, le meilleur vin de la région. C'était la saison des foins. Le mari était prisonnier. La pauvre femme ne suffisait pas à la tâche. Comme j'avais déjà participé à des travaux agricoles, avec l'accord de *D'siré*, je proposai de lui donner un coup de main. Elle accepta de bonne grâce cette aide inespérée, et tout le temps que nous restâmes à Tombebeuf, nous avons prêté nos bras à la ferme Daunis. Refusant d'être payés, nous acceptâmes seulement d'être nourris — ce qui se fit fort bien d'ailleurs !

Le matin, nous sortions de nos camions. Petite toilette. Et en route pour la ferme ! Là, après un solide casse-croûte, on se mettait à l'ouvrage jusqu'à midi, une heure. Après le déjeuner, on se remettait au travail jusque vers 6 h du soir. Alors, on faisait ce qu'on appelait là-bas « le quatre-heures » qui était un véritable repas. Vers 19h, nous retournions au château avec notre litre de vin que nous sirotions béatement, *D'siré* et moi, sur le bord de la route en nous racontant nos vies respectives.

Après les foins, nous avons fait la moisson et nettoyé la vigne. *D'siré* était fier de moi et, de retour au pays, il ne manqua pas de vanter mes mérites paysans auprès de ses copains normands. Nous suivions à la TSF le triste déroulement des évènements, avec le sentiment d'avoir été trahis. Après l'Armistice, un colonel nous réunit pour nous haranguer et nous servir le boniment qui servira encore souvent dans ces années noires: « *Vous ne vouliez plus travailler. Vous avez amené au pouvoir le Front Populaire. Vous voyez où cela nous a conduits…* » Ce n'était pas ce que nous voulions entendre. Tout ce que nous voulions savoir, c'était quand nous allions pouvoir rentrer chez nous. « *Oh!* nous répondit cette culotte de peau, *il faut attendre. Certains ont voulu se démobiliser tout seuls. Ils ont été pris par les Allemands et envoyés dans des camps en Pologne…* » En fait, ceux qui étaient partis de leur propre initiative ne tardèrent pas à nous envoyer un courrier pour nous faire savoir que leur retour s'était bien passé. Nous avions l'impression que les « gueules de vache » de son espèce souhaitaient seulement nous garder le plus longtemps possible pour justifier le maintien de leur solde.

Le 15 juillet, nous avons enfin rendu notre paquetage. Le 20 juillet, je reçus la première lettre de Maria, et *D'siré* la première lettre d'Olive. Le 28, j'en recevais une de Nancy. Le 31, nous restituâmes notre camionnette-atelier. Puis, après avoir fait nos adieux à la ferme Daunis et perçu la royale somme de 200 F comme prime de démobilisation (je gagnais en septembre 39 aux environs de 1800 F), nous fûmes envoyés,par erreur, à Escassefort. Le 2 août, on nous déroutait vers le-Mas-d'Agenais où nous étions condamnés à ronger notre frein et où nous commençâmes à avoir faim..

***

Le 21 août, ayant appris qu'à Tonneins fonctionnait une commission d'armistice auprès de laquelle on pouvait obtenir un brassard estampillé par la *Kommandantur* avec lequel on pouvait rentrer chez soi sans histoires, je pris le train pour ce chef-lieu de canton, muni d'une bande de toile arrachée à un drap, bien décidé à vérifier l'information. On m'expliqua que n'étant pas prisonniers, nous étions libres de rentrer chez nous. J'insistai lourdement et, mon brassard dûment tamponné, je rejoignis au Mas-d'Agenais mon ami Désiré auquel je déclarais: « *Tu fais ce que tu veux, mais moi, demain, je mets les voiles !* »

En fait, ce ne fut que le 24 août que nous obtînmes du Centre démobilisateur de Monclar-d'Agenais notre fiche de démobilisation. Le lendemain, à 4h du matin, nous pûmes enfin prendre la route pour Fauguerolles où nous pensions trouver un train en partance pour Bordeaux. Les transports étaient encore désorganisés et il fallait profiter des occasions qui se présentaient.

J'avais aux pieds de vieilles bottes d'aviateur provenant de ma vie civile. Je regrettais les chaussures toutes neuves que j'avais touchées à l'armée et dont je m'étais débarrassé en route, comme de tout ce qui m'encombrait alors dans notre retraite...

. A 11h, nous étions dans la métropole girondine que nous quittâmes à 14 h 30, toujours en train, pour débarquer à Paris sans encombre le lendemain à 9 h. Trois heures plus tard, nous repartions pour Argentan où un tortillard nous déposa à 19 h. La ville était sillonnée de jeunes pilotes de la *Luftwaffe* qui s'apprêtaient à bombarder l'Angleterre. Gonflés d'orgueil et arrogants, ils n'imaginaient pas ce qui allait leur arriver par la suite...

Après une nuit passée à la gare, nous quittions Argentan le matin du 27 vers 6 h et demie pour descendre à 10 h à la Mine. Nous pûmes enfin nous y régaler d'un savoureux et substantiel casse-croûte chez un ami de Désiré qui tenait un café-restaurant où s'empiffraient de jeunes recrues de la *Wermacht* qu'un *feldwebel* menait après à coup de pied au derrière sur le terrain de manœuvre où ils s'exerçaient.

Un peu plus tard, alertée par téléphone, Mme Olive venait nous chercher avec sa carriole à cheval, en compagnie de nos enfants Marcel et Jeannot. Quelle joie de se retrouver après cette longue et inquiétante séparation ! Il me fallut cependant attendre notre arrivée à la Vacquerie, à 18 h, pour que je puisse enfin serrer sur mon cœur Maria et notre petite Ginette de 14 mois. Quelle joie et quel soulagement de se retrouver enfin réunis sains et saufs à l'issue de la dure épreuve que nous venions de subir, plus dure encore peut-être pour nos familles que pour nous-mêmes !

Pour nous la guerre était finie. Nous étions loin d'imaginer les nouvelles épreuves qui nous attendaient encore.

Se nourrir : l'élevage des lapins

Chapitre VII
Les années noires

Le jour suivant, après m'être acheté quelques vêtements civils, j'accompagnai Désiré dans la tournée de ses copains de Caumont-l'Éventé auxquels il tenait absolument à me présenter. Partout, il fallait prendre un coup de café, un café fortement arrosé de calvados, dont on vous refaisait le niveau à l'eau de vie après chaque gorgée. En sortant de chez le sellier, notre dernière étape, je montai péniblement dans la carriole avant de sombrer dans une inconscience joyeuse dont je ne me réveillai que le lendemain On m'expliqua que j'étais revenu en chantant et en embrassant tout le monde sur mon passage...

Nous passâmes ainsi quelques semaines de vacances dans l'aimable campagne normande que le soleil et la paix revenue paraient d'un charme indéfinissable. La nourriture était bonne et abondante, la soupe matinale agrémentée de succulents morceaux de lard, accompagnés parfois de galettes de sarrasin que réussissait si bien dans l'âtre la mère Marie. Désiré m'emmenait avec lui sur les marchés où il allait vendre veaux et cochons. La vie était belle. Mais je ne tenais plus en place. J'avais hâte de rentrer à la maison et de savoir dans quel état nous allions la retrouver après une si longue absence. J'avais à cet effet écrit à Tracy à notre propriétaire, Mme Commelin. J'avais aussi adressé un courrier à la mairie de Metz pour y réclamer les allocations auxquelles nous avions droit et à la direction de Dunlop pour m'enquérir de ma situation professionnelle...

Le 20 septembre 1940, un an environ après la déclaration de guerre, nous quittions la Vacquerie pour rentrer chez nous. Désiré nous avait conduits de bonne heure en carriole à l'arrêt d'autocar de Caumont-l'Éventé. À midi, nous prenions à Caen le train pour Paris. Après une nuit passée chez ma tante Marguerite, nous repartions en train pour Ribécourt où nous attendait un fermier diligenté par Mme Commelin, un Belge, M. Dubois. J'y retournerai quelques jours plus tard avec lui pour y récupérer nos bagages qui devaient nous suivre. En début d'après-midi, nous étions enfin de retour à la maison.

Par bonheur, elle n'était pas trop bouleversée. Mais il manquait beaucoup de choses. Le carillon *Vedette* avait été décroché du mur et la machine à coudre *Singer* repliée, le tout prêt à être emporté. Notre arrivée avait interrompu l'entreprise de déménagement... Quelque temps plus tard, Jeannot découvrira dans les mains d'un petit voisin un de ses livres qui avaient disparus. A partir de cela, il fut possible de retrouver les autres et de récupérer un certain nombre des objets volés, notre matelas notamment, que Maria avait fait fabriquer à la demande au moment de notre mariage et qu'il fut facile d'identifier. Notre voisine fut d'ailleurs par la suite condamnée pour ses larcins et passa de ce fait quelques jours en prison... Cependant, nous retrouvâmes deux bouteilles d'huile que j'avais cachées sous le buffet ! J'étais surtout heureux d'avoir retrouvé intacts mes albums de photos et mes souvenirs: on peut remplacer un vêtement, un meuble ou une pièce de literie, les témoignages du passé, par contre, sont irremplaçables.

***

Il fallut alors réapprendre à vivre au quotidien et nous organiser dans notre nouvelle vie de déracinés. Nous étions étrangers au village, Maria avait un fort accent germanique et la population ne se montrait guère accueillante. Seuls Mme Commelin, le fermier belge Dubois et notre voisin, le cantonnier *Tiot* Jules, un vieux garçon peu futé mais généreux, nous manifestèrent d'emblée un peu de sympathie. À la rentrée d'octobre, Jeannot fit son entrée à l'école. Pour lui, l'intégration commençait.

L'approvisionnement devenait problématique. Heureusement, nous avions emportés, en partant de la Vacquerie, un seau de 5 kg de beurre. Prévoyant, je réussis à acheter un stock de 300 kg de pommes de terre.

L'argent commença à manquer. Nous ne pouvions pas toucher à nos économies qui étaient bloquées à Metz sur notre livret de Caisse d'épargne et, malgré mes courriers, j'étais toujours sans nouvelles de Dunlop. Il fallait être prudent. Il nous est arrivé de couper en deux un poireau pour faire la soupe deux jours de suite. Heureusement, il y avait quelquefois l'appoint du jardin du *Tiot* Jules... et le produit de mes braconnages : je m'étais mis à tendre des collets dans les bois de Mme Commelin. La chasse étant interdite, le gibier ne manquait pas, que se réservait l'occupant qui organisera par la suite de fructueuses battues dans la campagne. Je capturai ainsi quelques lapins. Un jour, dans la paille du grenier où avaient dormi des soldats, je découvris —quelle aubaine!— une boule de pain de munition. Pour ne pas tenter les enfants, je me cachai pour le déguster et apaiser provisoirement la faim qui me serrait le ventre... De temps en temps, Anna Ham, réfugiée à Saint-Lunaire avec ses employeurs, nous envoyait quelques provisions que nous ne pouvions pas acquérir sur place: du beurre par exemple... Antoine, d'autre part, le frère de Maria, par un Italien de sa connaissance, nous avait fait parvenir un peu d'argent à travers la nouvelle frontière. Ce n'était pas prévu dans l'accord d'armistice, personne ne l'avait officiellement annoncé, mais de fait les Allemands avaient purement et simplement annexé l'Alsace et la Moselle qui faisaient à nouveau partie du Reich allemand. Antoine, qui avait quitté l'armée, travaillait à la perception de Moyeuvre, en Moselle. Les autorités allemandes l'empêchaient de quitter son poste. Quand il partira, ce sera avec le minimum concédé à ceux qui choisissaient la France… Cet argent envoyé, c'était un peu d'argent soustrait aux Allemands. Quelque temps plus tard, autorisé à rejoindre la zone non-occupée, il gagnera un maquis. Sa femme, Marie, convoyée par ma cousine Raymonde, le rejoindra peu après avec son fils René. Le frère de Marie ayant refusé l'incorporation dans l'armée allemande et déserté, la sœur de Marie sera envoyée en camp de concentration, et le retour en Alsace ne sera possible qu'à la Libération…

Cet argent nous permit de tenir quelque temps encore. Au début octobre, j'allai en train à St-Vincent-aux-bois, près de Vernon, pour récupérer la malle que j'avais déposée chez des paysans juste avant la débâcle, ce qui me permit de passer une journée à Paris, chez ma tante Pour m'occuper, et en prévision de l'hiver, je coupais du bois « à moitié » pour Mme Commelin avant de lui servir à l'occasion d'homme à tout faire. Quand je partais le matin, j'avais le moral. Mais quand je rentrais à midi et que je constatais que le facteur ne m'avait toujours pas apporté de nouvelles de Dunlop ou de Metz, j'étais découragé et amer pour le restant de la journée. Cependant, j'acceptai la proposition de M. Dubois de l'aider aux travaux de la ferme. C'était un petit paysan qui travaillait seul et mes bras se révélèrent utiles, jusqu'à l'automne 1941, pour les travaux agricoles, la moisson, le ramassage des pommes de terre, etc. En échange, je trouvai chez lui du lait, des œufs, du vin et je profitai même de quelques morceaux au moment de la mise à mort du cochon.

Enfin, à la fin octobre, une lettre de Dunlop m'annonça mon licenciement, « *en raison des circonstances* », assorti d'un préavis d'un mois et d'une indemnité de 5 446 F. Je touchai donc à la mi-novembre la somme de 10 250 F pour solde de tout compte. Je me demandai jusqu'à quand nous pourrions tenir avec cela …

***

Le 18 novembre furent mises en circulation les premières cartes de rationnement. Désormais, rien de convenable ne pourrait plus s'acheter officiellement sans ticket. Le ravitaillement devint bien vite notre principale préoccupation. Par l'intermédiaire du percepteur qui tenait régulièrement un bureau annexe au rez-de-chaussée de notre maison, j'appris que les réfugiés d'Alsace-Moselle avaient droit à une indemnité d'expatriation. Après avoir fait les démarches nécessaires, nous perçûmes ainsi une modeste somme qui nous permit de tenir encore un moment et d'acheter un vélo d'occasion, cet indispensable moyen de locomotion sans lequel je ne pouvais pas espérer trouver du travail ou aller au ravitaillement. J'ai eu faim. Pour trouver de quoi nourrir ma famille, j'ai parcouru des kilomètres et des kilomètres sur mon vélo. Je n'étais pas gras à l'époque. J'avais maigri au point de flotter comme un cadavre dans mes vêtements… Il m'est arrivé de pédaler une quarantaine de kilomètres pour me rendre au marché de Soissons et en ramener trois kilos de rutabagas, ces grosses raves jaunes et filandreuses peu nourrissantes qui, avec les topinambours, sont devenus le symbole de notre alimentation dans ces années noires.

Ceux qui, comme nous, pouvaient exploiter un jardin avaient bien de la chance. Je n'ai personnellement pas ménagé ma peine, et ma femme non plus, pour tirer le maximum de notre lopin de terre laissé en friche depuis la guerre de 14 et où la place ne manquait pas. Encore fallait-il trouver de la semence... J'ai même planté du tabac. Le tabac, comme le reste, était rationné. Avec M. Dubois, quand nous travaillions dans les champs, nous sucions toute la journée notre pipe au fourneau désespérément vide. On ne jetait pas ses mégots: ils finissaient dans la pipe. Et il nous est arrivé de fumer de la barbe de maïs, des feuilles de haricots séchés, et même des pétales de roses ! Chacun avait sa « combine » pour remplacer le tabac. C'était l'époque des *ersatz* (saccharine au lieu de sucre, orge grillé et chicorée au lieu de café, huile sans matière grasse...) et de la récupération: on bondissait dans la rue, pelle et balayette en main pour ramasser le crottin des chevaux qui passaient; on fondait les restes de savon, un savon fortement additionné de talc, pour reconstituer des morceaux utilisables. Nous avons longtemps utilisé dans nos toilettes les feuilles coupées en quatre d'un vieux *Littré* trouvé à notre arrivée dans la maison ...

La viande étant rare; nous ne touchions parfois que 100 g par personne la semaine. Il m'est arrivé de me lever à 3h du matin pour être à 4h chez le boucher où l'on avait annoncé la possibilité d'acheter des abats **sans tickets**. Quand une bête tombait dans une fondrière et qu'il fallait l'abattre, tout le village allait faire la queue devant la boucherie où elle était débitée. Pour compléter notre maigre ration, nous élevâmes des lapins, le braconnage des « garennes » étant à la fois risqué et trop aléatoire. Il fallait alors tous les jours aller cueillir du « manger-au-lapin », corvée à laquelle les enfants n'échappaient pas.

Les pommes de terre étaient comme le reste chichement rationnées. Un matin de septembre, traversant la campagne pour aller ramasser du bois mort, j'aperçus dans un champ où l'on venait d'en terminer la récolte, de nombreux tubercules oubliés que la pluie de la nuit avait dégagés. Je m'empressai de les ramasser, de les porter à la maison et de retourner en ramasser tout ce que je pouvais avant que d'autres ne découvrent l'aubaine. La nouvelle fit le tour du village et il y eut bientôt une trentaine de personnes à glaner sur le champ. On glana aussi des betteraves pour les lapins. L'été, on glanait le blé. De retour à la maison, on égrenait les épis en les frappant contre les parois d'une bassine de fer galvanisé qui recueillait les grains, qu'on vannait ensuite avec un van de fortune. Après quoi, on les passait dans un gros moulin à café (manuel) que j'avais acheté spécialement à cet effet et qu'on tenait serré entre les jambes. La farine obtenue était sassée dans un tamis fait d'un vieux bas de soie développé et tendu sur un cadre de planches, le son étant destiné aux lapins. On en faisait du pain (blanc et croustillant, alors que le pain du boulanger était gris et pâteux, la farine utilisée contenant un peu de tout et bien peu de farine de blé) ou exceptionnellement de la pâtisserie. Pour moudre assez de farine pour un pain d'un kilo, il fallait à peu près 1h et demie de moulinage. Je finis par le faire mécaniquement, en lisant un livre que je posais sur le bord de la table. En deux ans, nous avons, Maria et moi, passé quelque trois cents kilos de blé (glané ou acheté) dans notre petit moulin.

De même, on ramassait le bois mort dans les forêts proches. Un dimanche que nous étions allés nous promener dans les bois, nous sommes tombés sur un arbre mort de quelque trois mètres de long. Du coup, nous avons interrompu notre promenade, nous avons pris l'arbre à nous deux sur les épaules et nous l'avons sans attendre ramené chez nous. Pendant longtemps, nous ne pourrons plus, même après la pénurie, abandonner du bois mort sur le sol sans en souffrir comme d'un insupportable gâchis.

Le menu de Noël 1940 donne une idée du dénuement dans lequel nous étions : pommes de terre rôties, fromage blanc, crème renversée, galette (sans œufs), le tout arrosé d'eau du robinet. L'année 1941 ne commençait pas sous les meilleurs auspices.

J'allais le samedis au marché de Compiègne, à une quinzaine de kilomètres de Tracy. C'est là que je tombai un jour sur une dame qui me dit : « *Tiens ! Monsieur Bouboule... Mais on vous croyait mort !* » C'était la tante d'une jeune fille, Raymonde Seguard, avec laquelle j'avais sympathisé, au début de la débâcle, lors de notre séjour près de Vernon où elle était réfugiée avec sa famille, des paysans de la banlieue de Compiègne. « *Vous devriez venir nous voir. Cela ferait plaisir à tout le monde.* » Je l'accompagnai à la ferme, à Margny, où l'on me reçut à bras ouverts. Toute la famille semblait heureuse de me retrouver sain et sauf. Eux-mêmes avaient traversé la guerre sans trop de dommage et avaient retrouvé leur exploitation en bon état. De ce jour, mes matinées du samedi se terminèrent immanquablement par un bon repas chez eux d'où je ne repartais pas sans de précieuses provisions: farine, pommes de terre, poulet, vin, etc. Le textile étant également rationné, ils me donnèrent même des vêtements pour les enfants. Il fallait faire durer ce que nous avions; c'est ainsi que j'usai jusqu'à la corde un pantalon noir de nazi récupéré en Allemagne en 1939.

Un jour que j'avais aidé à la cueillette des cerises et un peu forcé sur le vin dont on venait de livrer à la ferme la ration mensuelle pour les maîtres et les ouvriers agricoles, je repartis tellement mal assuré sur mon vélo que je ne tardai pas à verser dans le fossé. Je rentrai cependant tant bien que mal à Tracy . Là, quand j'ouvris la valise que le fils Seguard, avait garni de cerises et de quelques bouteilles de vin avant mon départ, je ne trouvai plus qu'une infâme bouillie de fruits concassés par les bouteilles. Heureusement, celles-ci étaient intactes ! Par la suite, quand notre situations se sera améliorée, j'inviterai un jour chez nous Raymonde (dont l'institutrice de la « petite école » était une amie) et son frère, avant que la vie ne nous sépare à jamais.

***

Nous arrivâmes ainsi à l'automne 1941. Je voyais avec inquiétude venir un nouvel hiver. Il n'y avait plus grand-chose à faire à la ferme. Par bonheur, l'usine Englebert de Clairoix, près de Compiègne, recherchait des manœuvres. Ayant travaillé dans les pneumatiques, je me dis que j'aurais peut-être plus de chances que d'autres d'être recruté. Je traversai l'Oise sur le bac qui faisait la navette entre les deux rives, le long d'un filin de halage, et je me présentai à l'embauche. À la vue de mes états de service, le directeur se récria : « *Pas question de vous embaucher comme manœuvre ! On va, bien entendu, vous trouver autre chose* ». Et il m'affecta au contrôle de la fabrication. Je ne gagnais pas beaucoup plus que comme manœuvre, mais au moins j'effectuais un vrai travail. Je me mis consciencieusement à l'ouvrage. Je devais, au sortir des moules, m'assurer que les pneus étaient convenables et qu'on pouvait les mettre en circulation. Au moindre défaut, je mettais au rebut la pièce défaillante. Je fus bien vite convoqué par le directeur : « *Monsieur Mourot, vous semblez ne pas avoir compris que nous travaillons* **pour les Allemands***. Alors, ne faites* *plus de zèle, il faut que **tout** soit bon !* » Je compris le message et m'installai confortablement au petit bureau que j'avais dressé devant les moules où se faisait la cuisson. J'y passai le pénible hiver 40-41, à l'abri et bien au chaud, à lire tranquillement ce qui me tombait sous la main. Bien entendu, quand les cuissons étaient terminées, toutes les pièces étaient déclarées bonnes pour le service. Le plus pénible, ce furent les allers-et-retours entre l'usine et Tracy. Mais j'étais jeune, bien vêtu et j'avais la journée pour récupérer.

Si le rationnement était sévère, la présence de l'occupant ne l'était guère dans notre village. Une compagnie de bûcheronnage y était cantonnée, essentiellement constituée de réservistes âgés qui ne nous causèrent aucun ennui. Il se trouva pourtant des gens pour se plaindre de chapardage dans les jardins. L'officier réunit ses hommes et leur passa un savon pour qu'ils s'abstiennent à l'avenir de ce moyen d'améliorer leur ordinaire. Maria, qui comprenait l'allemand, nous traduisit le « sermon », auquel elle assista depuis l'une de nos fenêtres, la petite *kommandantur* étant installée dans une villa située juste en face de notre maison. Le maire lui avait un jour demandé de faire l'interprète. Mais, compte tenu de la froideur de l'accueil qui lui avait été réservé à son arrivée (pour beaucoup, elle était « la boche »), elle avait sèchement décliné la proposition.

Parmi les rares personnes au village à nous avoir manifesté leur sympathie, il y avait le *Tiot* Jules, le cantonnier. Il m'invitait parfois à venir déguster chez lui un petit verre de l'eau-de-vie locale dont il avait une provision. Il balayait alors du revers du bras une partie de l'amoncellement hétéroclite qui encombrait sa table de célibataire pour libérer une place où poser les verres. Comme tout le monde, malgré son jardin et son petit élevage (dont quelques lapins qui avaient eu les oreilles rongées par les rats), il souffrait des restrictions et ne manquait pas une occasion d'exhaler sa nostalgie du bifteck-frites d'avant-guerre. De bifteck, il n'en était plus question. Quant aux frites, les jours fastes, on les faisait cuire dans de la graisse de bœuf qui refroidissait sur la pomme de terre dès la sortie de la friture. Incorrigible bavard, il passait plus de temps, appuyé sur le manche de sa pelle, à faire la causette avec le premier venu qu'à désherber les bas-côtés des chemins ou à nettoyer les caniveaux. Lorsque je me tenais à la fenêtre d'une de nos chambres qui donnaient sur la grand-rue et que je le voyais arriver avec sa brouette, sa pelle et son balai, je m'accroupissais pour qu'il ne m'aperçoive pas au passage, coupant ainsi court à l'interminable monologue dont j'étais menacé si je relevais trop tôt la tête.

Tracy était au centre d'une grande plaine agricole où l'on cultivait non seulement le blé, la betterave à sucre et la pomme de terre, mais aussi le lin, pour l'arrachage duquel on utilisait de la main d'œuvre polonaise qui, privée de vodka, la remplaçait, disait-on, avec de l'eau-de-Cologne ou de l'alcool à 90°… À l'écart du bourg, à l'Écafaud, une grande exploitation était tenue par une famille Moureau. Dans le village, il y avait deux ou trois autres fermes de taille intermédiaire entre celle de l'Écafaud et celle de M. Dubois. J'avais connu, jeune fille, la patronne de l'une d'elles, Mme Gélaine, notre voisine à l'époque du patronage de la cathédrale. Mais c'était dans un autre monde, à une autre époque. Je croyais pouvoir compter sur elle pour obtenir un peu de ravitaillement. Il me fallut déchanter. Les soldats allemands, qui payaient le prix fort, sortaient de la ferme les bras chargés de victuailles ; mais quand mon fils allait lui demander quelques œufs, elle n'en avait jamais : ou bien les poules ne pondaient plus, ou bien les renards avaient dévasté le poulailler… Pour sa Première Communion, elle réussit tout juste à lui en vendre deux !

***

En février 42, alors que je travaillais chez Englebert, je reçus une lettre de Dunlop me demandant si j'étais d'accord pour reprendre mon service comme monteur à l'entretien. Je répondis aussitôt par l'affirmative. Peu après arriva l'ordre de me rendre à Auxerre où l'on m'avait affecté aux « Rapides de Bourgogne », dont le directeur était un ancien de la fameuse *Croisière Jaune Citroën*.

Je quittai donc Englebert et, accompagné de mon inséparable vélo, je partis pour Auxerre. Ce vélo, je ne le retrouvai pas à la gare de Ribécourt, lors de mon premier retour. Ce n'est que quelques mois plus tard qu'on m'avisera qu'on l'avait retrouvé loin de là, dans une autre gare, et que je pouvais le récupérer. Heureusement que la famille Séguard m'en aura prêté un pendant tout le temps où il m'aura manqué ! Dunlop m'avait fait comprendre que ma nomination était provisoire et qu'il n'était pas sage que j'envisage de déménager. J'étais chargé de faire le point pour Dunlop après la tourmente dans les départements de l'Yonne et du Cher. Il me fallut voyager dans les wagons ou les cars bondés et inconfortables de l'époque. Ce n'était guère agréable. Pour aller d'Auxerre à Bourges, par exemple, il me fallait parfois passer trois heures debout. Et, à l'arrivée, je n'étais pas sûr de pouvoir trouver un hôtel : je pouvais être bloqué par le couvre-feu. Combien de nuits n'ai-je pas passées alors, ma valise pour oreiller, sur les bancs d'une gare ! Il m'est même arrivé de ne trouver à coucher que dans... un bordel où m'avait amené un chauffeur. Heureusement, il y avait des compensations : j'avais de bonnes relations avec tout le monde et, dans cette région, on pouvait encore trouver à manger sans tickets à des prix raisonnables. J'avais trouvé à Auxerre une bonne pension, dont le patron avait pour bru une fille de Nancy, avec son petit garçon. Je me sentais un peu en famille et cela me rendait moins lourde ma séparation d'avec ma femme et mes enfants, que je retrouvais à Tracy tous les mois, pendant les quelques jours de congé que je m'octroyais. Cependant, à Nevers, un jour, avec un collègue, il nous fallut nous attabler successivement à deux restaurants « sans tickets » pour assouvir notre faim.

Les pneus étant aussi rares que le reste, ils faisaient parfois l'objet de trafics clandestins. C'est ainsi que je suis arrivé un jour dans un garage de Sens où je devais monter les roues équipées de six autobus sur cales. Les autobus étaient bien là, sur cales effectivement. Mais point de roues et de pneus,. Ils avaient disparu. Le directeur du garage lui-même les avait peut-être vendus au marché noir. Le directeur général me conseilla de ne pas chercher plus loin : il réglerait cela lui-même avec ma direction. À l'inverse, je découvris, un jour quelque part, un grand nombre de pneus dont on ne savait pas bien à qui ils appartenaient. L'inspecteur Dunlop à qui j'en avais rendu compte me dit: « *Je vais te donner mon adresse. Tu n'as qu'à me les envoyer. Je me débrouillerai avec et je te donnerai une pièce* ». Je refusai de marcher dans cette entourloupe. Lui aurait vendu les pneus à son bénéfice et moi, pour trois fois rien, j'aurais risqué d'être mêlé à une sale affaire. Ce n'était pas net. Cela ne m'intéressait pas.

Au mois de juin, la situation étant éclaircie, la direction de Dunlop me proposa alors un remplacement d'un mois à Rouen.

***

J'étais à peine arrivé que commencèrent les bombardements des forteresses volantes. Une bombe tomba place Beauvoisine, tout près de l'hôtel où j'avais pris pension. Celui que je remplaçais dut prendre peur: on ne le revit plus jamais. C'est ainsi que je suis resté à Rouen, et que j'y ai passé le reste de ma vie.

Les années noires

Je travaillais pour Dunlop à la *Compagnie Normande d'Autobus*, la CNA, qui avait le quasi-monopole des lignes régulières de la région. Elle n'avait pas retrouvé son trafic d'avant-guerre, mais son activité restait importante. Les pneus étaient rares et il fallait parfois réaliser des prodiges pour faire rouler les autocars, dans lesquels on brûla de l'alcool dénaturé comme carburant.

J'ai tout de suite été adopté par le chef du Mouvement, M. Sudron, qui passera directeur un peu plus tard, et par M. Evrard, le directeur de l'époque qui montera à la direction nationale de la société. M. Sudron me fit savoir que lorsque je souhaiterais retrouver ma famille, cela ne regarderait que lui et moi, et surtout pas Dunlop. Ainsi, tous les mois, je pus prendre une semaine pour retourner à Tracy, la CNA me remplaçant à ses frais par un de ses ouvriers. Là, je profitais de mon séjour pour m'acquitter des plus gros travaux, Maria assurant seule les tâches quotidiennes et la responsabilité de nos deux enfants.

Quand, au cours d'une de ces absences, est passé un inspecteur Dunlop, il s'est étonné de ne pas me voir. « *Ah! Mourot ?*, lui répondit M. Evrard, *il nous a demandé la permission de la journée. Il rentre demain.* » Effectivement, je revenais le lendemain, mais après **huit** jours d'absence ! En échange de cette bienveillance, je me donnai à fond pour la compagnie. Il est arrivé qu'on vienne me chercher la nuit pour réparer ou équiper d'urgence un car qui devait partir ; jamais je n'ai refusé. Et j'en ai été récompensé par la suite. Après la guerre, avant sa promotion parisienne, M. Evrard m'avait dit: « *Mourot, si un jour vous avez des ennuis, vous pourrez toujours vous adresser à moi.* » Quand je serais licencié de chez Dunlop, en 1966, après trois mois de chômage sans trouver d'embauche, Maria me conseillerait de laisser tomber ma fierté et de m'adresser à lui. Deux jours après lui avoir écrit, je recevrais une réponse chaleureuse et l'invitation à m'adresser au directeur de la CNA qui s'occuperait de moi et me permettrait de trouver une place chez *Ansselin-Pneus*.

Dans cette grande ville, le ravitaillement n'était pas facile, d'autant moins que j'avais laissé tous mes tickets à ma femme, en espérant bien me débrouiller sur place. À nouveau, j'eus faim. On ne mangeait pas mal dans ma pension. Mais c'était insuffisant pour un travailleur de 32 ans. Heureusement, M. Sudron m'obtint une livraison de 50 kg de pommes de terre. Chaque jour, j'en faisais cuire quelques-unes dans le bain-marie où le personnel de la CNA réchauffait ses gamelles et je les emmenais dans une serviette au restaurant où elles accompagnaient mon ordinaire. Ainsi, je pouvais sortir de table convenablement restauré, sous le regard envieux de mes voisins de table.

Un jour, un employé vint me demander si je ne pouvais pas lui réparer un de ses pneus de vélo, ce que je fis sans rechigner. D'autres suivirent. Pour me remercier, ils promettait de m'offrir à boire à l'occasion. Mon ami Chovet, responsable des chauffeurs, finit par me faire remarquer que j'étais trop bon, que je devais me faire payer, en nature plutôt qu'en argent, mes clients ayant, de par leur métier, l'occasion de se fournir à la campagne. De ce jour, je demandai soit une livre de beurre, soit un morceau de lard, soit des légumes...

Je finis par réparer tout ce qui était en caoutchouc : les pneus de vélos bien sûr, mais aussi d'autos, de camions, de remorques, les bottes... Je mis même au point une méthode de rechapage des pneus de vélos qui les rendait plus solides qu'à l'origine ! Ce qui fait que je ne manquai plus de rien, pas même de matière première, Dunlop ne s'étant jamais inquiété de ma consommation excessive de gomme ou de colle. J'abandonnai le restaurant le soir et je me mis à préparer mes repas moi-même, dans ma chambre ou à la CNA où je passai parfois une partie de la nuit à mes travaux annexes. Au bout de quelque temps, j'arrivai ainsi à envoyer des colis à la maison et ramener ma valise pleine à chacun de mes retours. Je laissai à Maria l'intégralité de ma paie et je vécus sur mon travail parallèle dont le revenu dépassait mon salaire officiel.

Évidemment, la guerre était toujours présente. Rouen avait déjà été bien abîmée par les bombardements allemands de 1940. Les bombardements alliés qui suivirent continuèrent sa destruction, faisant à chaque fois de nombreuses victimes civiles. Il m'arrivait de ne pas retrouver un restaurant que j'avais repéré la veille : il avait été soufflé pendant la nuit. On visait les usines, les ponts, la gare de triage de Sotteville. Mais la technique américaine du « tapis de bombe », si elle était plus sûre pour les équipages évoluant à très haute altitude, hors de portée de la défense antiaérienne allemande, la *flack,* était loin d'être précise. Néanmoins, jusqu'aux bombardements massifs de 1944, je n'ai jamais eu envie de fuir. Il m'arrivait cependant comme tout le monde d'avoir peur pendant les alertes. La sirène d'alarme nous vrillait les oreilles et je ne m'endormais jamais le soir avant le retour des bombardiers qui allaient lâcher leurs bombes sur l'Allemagne. Un jour que je me trouvais au

Havre pour mon travail, j'en vis passer une vague. Le ciel en était noir. Des milliers de bombardiers ... C'était vraiment impressionnant.

Le 19 août 1942, Rouen se mit à grouiller de troupes allemandes. Le ciel était parcouru d'avions à croix noire. On voyait passer et repasser des ambulances... Nous nous demandions si l'heure n'était pas venue du débarquement Ce n'est qu'à la radio que nous avons appris de quoi il retournait : les Anglo-canadiens venaient d'échouer dans un raid sur Dieppe qui avait fait de nombreux morts et blessés dans les deux camps ainsi que parmi les civils. Le lendemain, je m'y rendis pour mon travail : la CNA y avait un dépôt. Quel spectacle de désolation ! Toute la plage, défendue par un réseau complexe de fortifications et d'obstacles, était jonchée de cadavres et de matériels hors d'usage : blindés, Jeeps... Les Allemands triomphaient et nous étions atterrés. Il nous faudrait encore attendre deux ans le fameux débarquement de Normandie.

Les dimanches où je demeurais à Rouen, je m'offrais une bonne bouteille de vin et je restais pour travailler à mon compte au garage de la CNA en compagnie du gardien. À midi, je me cuisinai un bon repas dans mon bureau et le lundi matin, il arrivait que M. Sudron s'exclame : « *Oh! mais ça sent bon ici. Mourot, vous avez dû bien manger hier!* ». Un dimanche que j'avais été invité chez un chauffeur au bord de la mer, alors que le repas tirait à sa fin, retentit le signal d'alerte. Nous avons vite abandonné la table et nous nous sommes précipités à la cave. Les bombes explosaient un peu partout, visant les fortifications côtières, lorsque je me souvins que je n'avais pas bu mon verre de calvados. Inconscient du danger, je bondis hors de l'abri... Un autre chauffeur qui était avec nous racontera plus tard : « *Ah ! il fallait voir le Dunlop cavaler pendant que ça canardait tout autour, tout ça pour ne pas risquer de perdre son verre de calva !* »

***

En janvier 1943, alors que je me trouvais à Tracy, ordre fut donné à tous les hommes de la commune de se rendre à la *kommandantur* de Compiègne. Là, on nous fit savoir que nous étions requis par l'Armée allemande pour une durée indéterminée. J'ai aussitôt alerté Dunlop afin qu'on fît le nécessaire pour me libérer. Ayant obtenu une « permission », je retournai gratuitement à Rouen, muni d'un *ausweiss*, pour reprendre mes affaires. On m'affecta à un commando de travail en forêt. Nous pouvions heureusement rentrer chez nous le soir. Je parcourais à vélo les quelque 8km qui séparaient ma maison du dépôt de munitions où je devais travailler. J'y retrouvai le gardien de la brosserie où était installée notre station de dépannage en 1940 et nous sommes devenus amis. Notre travail consistait à déplacer des munitions d'un endroit à un autre, sous la surveillance d'un soldat âgé avec lequel j'avais des conversations presque amicales. Il se voyait déjà revenir s'installer en France après la guerre... Tous n'étaient pas aussi sympathiques. Il y avait en particulier un *feldwebel* auquel nous aurions volontiers tordu le cou. Et même de simples soldats qui se prenaient très au sérieux. L'un d'eux ne me menaça-t-il pas de sa baïonnette le jour où je m'étais un peu écarté pour ramasser du bois mort ! Les pires, c'étaient peut-être les auxiliaires français, avec leur brassard rouge, véritables chiens de garde de l'occupant... En fait, le but réel de notre « mobilisation » semblait être de nous tenir sous la main, au moment où l'on instaurait le *Service du Travail Obligatoire* en Allemagne, qui allait donner lieu à des expatriations forcées. Je me demandais avec inquiétude, ce qui nous attendait dans un proche avenir. Je pris mes dispositions pour disparaître dans la nature si l'on voulait nous envoyer outre-Rhin et, devant le silence de Dunlop, j'écrivis aux responsables de la CNA, leur demandant de bien vouloir s'occuper de moi. Quelque temps après, arrivait une lettre de la *kommandantur* rouennaise intimant l'ordre de me relâcher : j'étais indispensable à Rouen, comme « grand spécialiste » et on enverrait un *ersatz* pour me remplacer. La tête que fit le petit *feldwebel* à la lecture de cette lettre me paya alors des humiliations qu'il m'avait fait subir.

Un peu plus tard, je reçus un télégramme m'apprenant que mon père était bien malade. Nancy étant en zone interdite, je dus me rendre à la *kommandantur* de St-Germain-en-Laye pour obtenir un *ausweiss*. Je pus ainsi embrasser Papa pour la dernière fois, sur son lit d'hôpital. Il devait mourir en 1945 sans que je puisse le revoir.

***

La guerre se poursuivait. Un jour, en passant par Compiègne, j'assistai au départ d'un convoi de déportés. Je revois encore avec émotion ces pauvres hommes en sabots, une miche de pain sous le bras. Resté sur le quai, je faillis même me faire embarquer avec eux par un soldat trop zélé. Heureusement que j'avais mes papiers en règle et notamment un *ausweiss* me permettant de circuler de nuit ! Combien de ces hommes seront revenus des camps de la mort ?

Les années noires

Ai-je un visage particulier ? En tout cas, j'ai des sosies et l'on m'a plus d'une fois pris pour un autre. C'est ainsi qu'un jour, dans le car, en revenant de Veules-les-roses où j'étais, comme souvent, allé passé une « fin-de-semaine » à la campagne, à l'invitation d'un chauffeur ami, je vis qu'un passager me regardait avec une curieuse insistance. À un arrêt, alors que nous étions tous deux descendus pour uriner, il s'approcha de moi et me glissa discrètement: « *Alors ça y est, tu as pu sortir de tôle...* » Je tombais des nues : « *Sortir de tôle ? Mais pour qui me prenez-vous ? Je travaille à la CNA...* —*Ça va, ne crains rien. Tu me reconnais, je suis l'inspecteur X... Je ne vais pas te dénoncer !* —*Mais je vous assure, vous vous méprenez. Vous pouvez demander au chauffeur...* —*Bon, bon, ça va. N'aie pas peur, je ne dirai rien.* » Et nous sommes remontés dans le car. Il m'a encore lancé un clin d'œil, et je ne l'ai plus revu.

Pour revenir chez moi, je prenais le train de Rouen à Compiègne où je m'arrêtais chez Seguard pour y prendre mon vélo avant de rejoindre Tracy en quelque trois quarts d'heure. J'avais toujours eu la chance d'échapper aux bombardements qui visaient notamment la gare de triage de Creil : j'y passai la veille ou le lendemain d'un raid. Mais en 1944, les bombardements s'intensifièrent. Le voyage en train devint de plus en plus dangereux et même aléatoire. Par ailleurs, pour échapper aux contrôles de plus en plus sévères de la police économique dans le métro, je devais effectuer à pied le trajet de la gare St-Lazare à la gare du Nord, mes lourdes valises pleines de provisions à la main, des provisions d'autant plus illicites qu'elles étaient parfois spécialement fabriquées pour l'Armée allemande, à laquelle un complexe système de troc les avait soustraites.. J'échappai un jour de justesse à la fouille par des *feldgendarms*, en pleine gare du Nord, en passant sans broncher devant eux alors qu'ils fouillaient une autre valise et en montant au plus vite dans un wagon dont une main complaisante m'avait ouvert la portière. Je décidai donc de ne plus me fier qu'à mon vélo. Mon ami Chovet m'emmenait jusqu'à Gournay-en-Bray, non loin de chez lui, à Beauvoir-en-Lyons où il rentrait en fourgonnette, et je parcourais à vélo la centaine de kilomètres restant jusqu'à Compiègne où je ne manquais pas ma pause casse-croûte chez Seguard, avant de couvrir l'ultime quinzaine de kilomètres qui me séparaient encore de Tracy. Il fallait être jeune pour supporter ce régime, l'itinéraire étant loin d'être plat !

Trois petits tours

Le 19 avril 1944, j'avais démonté mon vélo pour le réviser, le nettoyer, le graisser, afin qu'il soit parfaitement fiable pour mon prochain voyage à Tracy. Là-dessus, une alerte ! Et bientôt, l'apocalypse. Au passage de la première vague de bombardiers, je me trouvais avec un ouvrier dans un bâtiment de la CNA dont la terrasse avait été protégée par une couche de vieux pneus. Serrés l'un contre l'autre, nous tremblions de peur pendant que le sol ondulait autour de nous. Je me disais en moi-même : « *Mon Dieu, faites que je sois tué sur le coup, et que je ne souffre pas.* » Après cette première alerte, on commença à amener les premiers morts devant le garage. Moi, je pensai immédiatement à mon vélo, mon seul lien avec ma famille. Je l'emportai en pièces détachées dans la profonde cave voûtée qui s'ouvrait de l'autre côté de la rue et je me mis sans attendre à le remonter. Et le bombardement recommença...

Le lendemain, nous entreprîmes de déblayer le garage, emportant le maximum de matériel en banlieue, à Boisguillaume où l'on nous avait fortement conseillé de nous réfugier. Pour moi était venue l'heure de vérité. Je me disais que s'il m'arrivait malheur, si j'étais bloqué quelque part, ma famille étant au loin, il n'y aurait personne pour me réclamer ou me rechercher. Je pris alors la décision de m'en aller. J'en informai M. Sudron qui me comprit et me donna son accord. Seul, le chef du bureau me fera reproche après la guerre d'avoir pris la poudre d'escampette. « *Vous pensez ce que vous voulez,* lui répondrai-je, *du travail, on en retrouve toujours mais sa peau, on ne la retrouve jamais !* »

J'occupais une chambre rue Montbret. J'y passai ramasser mes affaires et faire mes adieux à la vieille dame qui m'hébergeait. Elle ne me vit pas partir de gaîté de cœur: elle allait se retrouver seule. Pour nous remonter le moral, je sortis un petite bouteille d'alcool que j'avais gardée en prévision du débarquement et nous la vidâmes de concert. Ainsi euphorisés, nous avons pu nous quitter et je pris la route de l'Est. Mon ami Chovet, que je croisai sur la route de Gournay dira plus tard: « *Il fallait voir Dunlop ! Il montait la côte de St-Jacques comme un champion du Tour de France !* » C'est que j'avais le feu aux fesses !

A mon arrivée, pour me mettre en règle à l'égard de mon employeur, je me fis aussitôt établir un certificat de maladie par notre médecin de famille. Et nous nous sommes mis à attendre la suite des événements.

Arromanches-octobre 1947-La sortie annuelle de la CNA

Chapitre VIII
Un nouveau départ

Les Alliés finirent par débarquer. Nous l'apprîmes à la radio de Londres que nous écoutions en secret le soir, à deux pas de la *kommandantur*, sur le récepteur clandestin que nous cachions derrière une pile de draps. Pour nous préserver de la propagande anglaise et gaulliste, ordre avait été un jour donné de remettre tous les postes de TSF à la mairie. J'avais menti effrontément au garde-champêtre chargé de la collecte : « *Mon poste? On les a déjà ramassés à Rouen et il y a longtemps que je me suis débarrassé du mien !* » Le jour du débarquement, les Allemands faisaient grise mine. L'un d'eux m'avait assuré que le *Führer* laissait les Alliés avancer pour ensuite mieux les rejeter à la mer. C'était ce que la propagande nazie appelait « *la défense élastique* ». Je ne suis pas sûr qu'il en était vraiment convaincu. En tout cas, pour notre part, nous reprenions espoir dans une fin rapide de nos malheurs et il y avait dans nos regards, ces jours-là, une lueur malicieuse de défi lorsque nous croisions un regard allemand.

Nous triomphâmes beaucoup moins le jour où nous vîmes arriver à notre petite *kommandantur* un side-car militaire conduit par le passager de la nacelle, le pilote de la moto, ensanglanté, étant renversé à l'arrière. Maman, de sa fenêtre, tendit l'oreille et apprit que l'équipage avait essuyé des coups de feux de « *terroristes* » dans la forêt. Le conducteur de la moto était mort. Redoutant une prise d'otages et des représailles, je me préparai à m'enfuir. Mais nos occupants n'étaient pas des méchants. Le sous-officier responsable se contenta d'aboyer son rapport à ses supérieurs. On emmena la victime... et, pour nous, l'affaire en resta là.

Nous suivions avec excitation la progression des troupes alliées. Quelquefois, nous ramassions des journaux imprimés à Londres ou aux USA sur un seul feuillet de papier pelure, jetés depuis un avion. Ou encore des petites lanières métallique destinées à brouiller les radars ennemis. Du haut d'une des mansardes de notre maison, elle-même construite dans le haut du village, j'assistais parfois aux bombardements de l'Oise ou de la voie ferrée passant par Compiègne et aux combats aériens entre chasseurs d'escorte et chasseurs allemands. J'ai vu un jour une forteresse volante touchée par la *flack* littéralement exploser en vol...

A quelques pas de la maison, nous avions une cave recouverte d'une dalle de béton. Au-dessus de la réserve de pommes de terre et de charbon nous installâmes des matelas et des couvertures. Dans une grande bassine, nous fîmes provision d'eau douce. Maria fit par ailleurs cuire un stock de biscuits du genre « casse-croûtes ». Nous pouvions y tenir quelque temps en cas de besoin, à l'abri des bombes et des obus.

Elle devait nous servir plus tôt que nous ne l'avions prévu. Un jour, j'avais aperçu dans la forêt de Laigues voisine, un rassemblement de chars dissimulé sous les arbres. Comme j'avais vu en même temps un petit avion de reconnaissance survoler le secteur, je prévins autour de moi qu'il fallait se méfier, les bombardiers pouvant bien vite arriver si le coucou avait repéré les blindés. De fait, le lendemain même, je me trouvais à mon poste d'observation dans la mansarde lorsque j'entendis approcher le bruit caractéristique et terrifiant d'une vague de bombardiers en vol. Quand je vis piquer l'avion pilote, je compris immédiatement de quoi il retournait. J'attrapai par le col Jeannot qui se trouvait à côté de moi et je descendis l'escalier quatre à quatre en le soulevant de terre. Au passage, j'alertai Maria : « *Vite, à la cave !* » Nous nous retrouvâmes bientôt dans notre abri, plus morts que vifs, quand le pilonnage commença. La forêt était à un kilomètre à peine. La terre tremblait. Terrorisés les enfants psalmodiaient sans arrêt "*Notre Père- Je vous salue Marie- Notre père- Je vous salue Marie...*" Le temps semblait s'être arrêté et nous nous tenions désespérément serrés les uns contre les autres dans l'attente de la fin de l'épreuve. Elle finit par arriver. Nous apprîmes peu après qu'une personne s'était fait tuer non loin de là par une bombe perdue, devant sa porte, où des badauds s'étaient assemblés pour admirer le spectacle, comme un feu d'artifice... Et un peu plus tard qu'une jeune fille et deux enfants partis se promener en forêt s'étaient trouvés sous l'avalanche de feu et avaient également trouvé la mort. Les Allemands, eux, avaient quitté la forêt pendant la nuit.

***

À mesure de l'avance des Alliés, nous voyions parfois passer des unités allemandes qui se repliaient. Quand nous apprîmes la libération de Paris, nous sûmes que notre heure était proche. Mais nous nous demandions quel prix il nous faudrait payer pour cela. N'allions-nous pas nous trouver pris entre deux feux ? Tous les soirs, nous emportions nos affaires et nous allions dormir dans notre cave abri. Les Allemands du village avaient fini par plier bagages et la villa-*kommandantur* était abandonnée.

Une nuit du début septembre, le grondement d'un convoi qui se rapprochait nous réveilla un peu avant l'aube. Je profitai de l'abri du muret qui clôturait notre jardin en surplomb de la route pour y jeter un coup d'œil. La masse sombre d'une théorie de véhicules militaires était arrêtée juste en dessous de moi. Des soldats dont je ne voyais que la silhouette casquée échangeaient des propos incompréhensibles ponctués de « *ya!* » inquiétants. Je me dis : « *Merde, ce sont les Boches qui reviennent !* » Et puis, en regardant plus attentivement, je vis sur les capots des véhicules légers une étoile à cinq branches dans un cercle blanc... Hourrah ! C'étaient des Américains ! Il est difficile aujourd'hui d'imaginer notre joie et notre soulagement ! Libérés, nous étions libérés ! C'en était fini de la peur et des tracasseries quotidiennes de l'Occupation. L'espoir se levait enfin... Nous sommes sortis de nos trous et nous avons assisté, enthousiastes, au défilé de la formidable machine de guerre américaine en marche... *Vive l'Amérique ! Vive les Alliés ! Vive de Gaulle ! Vive la France !* Des drapeaux tricolores apparurent aux fenêtres. Nous avions, bien entendu, le nôtre que Maria avait cousu en secret. J'ai gardé une relique de ce moment mémorable : une pelle-pioche tombée d'un char que je me suis empressé de ramasser. Le jour s'est levé. Les soldats ont pris position dans le village. Du haut des blindés ou des camions, on nous jetait des cigarettes, du chocolat. Ma petite Ginette, à qui l'on avait donné une orange, a voulu la jeter après y avoir croqué comme dans une pomme : elle n'en avait jamais vu.

L'appartement en dessous du nôtre, au rez-de-chaussée, après avoir été occupé par des permanences de la perception et du *Secours National*, avait été loué à un couple de grincheux, qui nous cherchaient continuellement querelle. N'avaient-il pas, un jour que la petite Ginette, cette innocente, avait fait une crotte dans la cour, planté dedans une baguette portant un petit écriteau avec son nom ! Comme il m'avait entendu pester contre les Américains et leurs bombardements aveugles sous lesquels j'avais eu le malheur de me trouver, il ne manqua pas de me lancer ce jour-là d'un ton aigre : « *Alors, c'est changé, maintenant ? Les Américains ne sont plus des salauds... Vous ne les aimiez pourtant guère jusqu'à présent !* » Je préférai ne pas répondre ; rien ne devait altérer notre joie.

Des pièces d'artillerie avaient été rapidement mises en batterie dans les champs. Nous pouvions, à cette occasion, mesurer l'efficacité de cette armée supérieurement équipée et entraînée. L'euphorie retombée, les officiers nous mirent en garde contre une réaction possible de l'ennemi. Le maire fut invité à mettre ses concitoyens à l'abri pour la nuit. Notre quartier trouva refuge, derrière la forge Bachelet, dans un des nombreux souterrains dont était truffé le sous-sol de la commune, aménagé en véritable ville souterraine pendant la Grande Guerre. Chaque famille arriva avec ses couvertures, à nouveau tenaillée par l'inquiétude. Par bonheur, les Allemands ne se manifestèrent pas, et les Américains reprirent leur progression. À notre retour à l'air libre, ils avaient disparu.

***

Ce fut alors le moment des règlements de comptes et d'une justice populaire expéditive sans grand discernement, organisée souvent par des résistants de la dernière heure dont la tardive radicalité avait pour but de faire oublier les petites lâchetés de quatre années d'occupation. Sur la place de l'église, devant le perron de la petite mairie, on tondit les cheveux des filles et des femmes qui avaient frayé avec l'occupant avant de les promener dans le village sous les insultes ou les quolibets. J'ai connu cependant des « *poules à boche* » comme on les appelait à cette époque, qui eurent l'intelligence de disparaître pour revenir un peu plus tard, plus arrogantes que jamais, au bras de soldats américains !

Dans le local des pompiers, on enferma quelques *collabos* qui n'avaient pas songé à fuir et quelques soldats allemands qui avaient tout fait pour se retrouver prisonniers. Une garde fut organisée. On me remit un brassard et une arme et j'eus même l'honneur d'être pris en photo comme FFI par un correspondant de guerre américain. Mais après ma première faction, je rendis tout : ce n'était pas mon genre de me rendre intéressant sur le dos des vaincus...

On vit apparaître du pain blanc sans ticket. Hélas, la provision de farine miraculeusement reçue par notre boulanger se trouva vite épuisée et nous dûmes encore longtemps nous contenter de notre pain noir et gluant.

Une unité américaine s'était installée sous le couvert du parc d'Offémont. Nous allions y voir nos libérateurs, ébahis par le confort dont ils jouissaient en campagne. Nous leur offrions nos tomates dont les potagers regorgeaient à la fin du bel été 44. Au début, ravis de pouvoir manger des légumes frais, ils nous les échangeaient contre du chocolat ou des cigarettes. Mais ils arrivèrent vite à saturation ; aussi, avec le sucre que nous avions pu nous procurer, nous en fîmes des confitures gardées dans de grandes verrines, destinées à l'origine, à la confection de mines antichars indétectables et récupérées dans un dépôt de munitions allemand.

Quelques semaines plus tard, j'écrivis à la direction de Dunlop qui était revenue à Paris. On me répondit qu'on m'attendait à Rouen, que je n'avais qu'à y rejoindre au plus tôt mon poste et que j'y trouverais mes appointements.

***

En novembre 1944, je repris donc la route de Rouen. À la CNA, on me vit revenir avec joie et je fus moi-même heureux de constater que tous ceux que j'avais connus et appréciés avaient réussi à traverser sans trop de dommage les terribles épreuves de l'été 44. Rouen, par contre, offrait un visage de désolation. Tout le centre, de la rive droite à la rive gauche, était un champ de ruines, détruit à 80 voire à 100 %. Entre la cathédrale et la Seine, c'était un *no man's land* où ne se dressait qu'un seul immeuble, abritant au rez-de-chaussée la bijouterie Lepage. Il ne restait pas grand-chose du quartier des Charrettes où se trouvait le garage de la CNA, miraculeusement préservé... Je réussis quand-même à trouver une pension et une petite chambre où je disposais d'un fourneau me permettant de faire ma popote le soir, grâce à la nourriture que les chauffeurs recommençaient à m'apporter. L'approvisionnement en caoutchouc et en pneus usagés était devenu difficile, mais je me débrouillai au mieux, bientôt grâce aux Américains.

À la Noël 1944, je m'arrangeai pour être parmi les miens. Je revenais toujours à vélo, les communications ferroviaires étant encore aléatoires du fait des destructions. J'avais réussi à acheter des jouets d'occasion pour les enfants et une oie que j'emmenai, le 24 décembre, vivante, avec moi. Dans la traversée des agglomérations, elle me tenait lieu d'avertisseur... Par malheur, un terrible vent de face rendait ma progression très pénible. Je désespérais d'arriver à Tracy ce jour-là. En début d'après-midi, complètement découragé, je me résignai à passer la nuit à l'hôtel sur la route. M'approchant d'un café , je vis une fourgonnette immatriculée dans l'Oise. Saisi d'un fol espoir, j'entrai aussitôt et je demandai à la cantonade si son propriétaire ne se dirigeait pas vers Compiègne. « *Si, si !* , me répondit celui-ci, *c'est mon chemin.* » Je lui demandai s'il ne pouvait pas me prendre avec mon vélo. « *Pas de problème : je vous emmène* ».

Tout se passa bien pendant quelques kilomètres. Jusqu'à un premier contrôle qui fut suivi de plusieurs d'autres : nous étions en pleine offensive allemande des Ardennes au cours de laquelle des soldats allemands, en uniforme américain ou en civil, furent parachutés derrière nos lignes, semant une belle pagaïe. À un barrage tenu par des gendarmes français, l'un d'eux voulut faire du zèle et verbaliser mon chauffeur parce que le vélo dépassait de quelques centimètres. Ce n'était pas réglementaire. Je pris mon ton le plus humble pour plaider sa cause : « *J'habite dans l'Oise. Je travaille à Rouen... A cause de la guerre, je dois parcourir plus de 100km pour rentrer chez moi . Ce monsieur a eu la gentillesse de me prendre à son bord avec mon vélo. Vous n'allez quand-même pas lui faire des histoires...* —Bon, ça va ; dégagez... » Et nous avons pu repartir sans problème. À notre arrivée à Compiègne, comme je remerciais mon bienfaiteur et m'apprêtais à remonter sur mon vélo, « *Non,* me dit-il, *ne partez pas tout de suite. Vous allez venir manger à la maison.* » Il n'était que deux ou trois heures de l'après-midi; j'acceptai de bon gré. « *Vous ne le savez pas,* ajouta-t-il, *mais vous avez été mon porte-bonheur !* » C'était un épicier qui revenait d'une expédition de ravitaillement dans le Calvados ; sa camionnette regorgeait de beurre, de viande, d'eau-de-vie... toutes denrées relevant encore du marché noir. Grâce à moi, il avait échappé à la confiscation et aux autres sanctions !

Un nouveau départ

C'est ainsi que vers six heures, au lieu de passer la nuit dans une triste chambre d'hôtel, je me retrouvai à la maison et nous pûmes fêter dignement Noël. Rien à voir avec le Noël 1940 ! Cette fois, rien ne manquait à notre table, pas même un cigare pour moi, comme une cerise sur le gâteau !

***

L'occupant honni avait laissé la place à nos amis américains. Si certains y voyaient une aubaine d'autant meilleure que beaucoup d'entre eux étaient passés maîtres en marché noir et trafics de tous genres (par les Américains, on pouvait tout se procurer, à condition d'y mettre le prix : bacon, chocolat, chaussures, vestes fourrées, bas de soie...) d'autres finirent par les trouver envahissants et parfois même inquiétants. À Tracy, ils occupaient la brosserie où nous avions notre dépôt en 1940. À Rouen, ils étaient partout, et les soldats noirs à la recherche de bonnes fortunes inquiétaient bon nombre de femmes seules, surtout la nuit. Il m'est arrivé, quand j'étais dehors tardivement, pour mon travail, d'être sollicité par certaines d'entre elles pour les accompagner sur leur trajet.

Un jour, à la CNA, des officiers US vinrent demander à M. Sudron la mise à disposition d'un certain nombre de cars pour le transport des blessés soignés à l'hôpital de Boisguillaume aménagé en hôpital militaire. « *D'accord*, leur répondit-il, *mais il nous faut des pneus. —O.K. on va vous livrer ça.* » Le lendemain, arrivait un plein camion de pneus. Je les examinai. Ils n'avaient pas de la bonne dimension. « *—No problem !* » Et ils revinrent peu après avec un autre chargement de pneus, convenables cette fois. On a équipé les cars... Mais personne n'est jamais venu réclamer la première livraison et nous n'avons plus revu ces officiers. La CNA y gagna ainsi plusieurs trains de pneus gratuits qui trouvèrent leur utilité. Quand ils ont été assez usés pour être changés, M. Sudron les laissa à ma disposition et j'en fis bon usage, les pneus étant toujours rares et les occasions très recherchées.

***

Le 24 juin, ce fut à Tracy la Communion solennelle. Notre fils en était. Malgré les difficultés de transport, son parrain, Joseph Schalck (et sa femme Anna) ainsi que sa marraine, Anna Ham, avaient tenu à être présents ce jour-là. Ce furent les premières retrouvailles d'après-guerre. À cette époque, on ne communiait pas en aube ; les filles portaient une espèce de robe de mariée et les garçons un costume avec un brassard. Les restrictions ne facilitaient évidemment pas l'habillement des communiants. Heureusement, Anna Ham était venue avec la tenue d'un des fils de ses patrons, à peine plus âgé que Jeannot, un costume « *Eton* » du plus bel effet. Notre garçon avait fière allure là-dedans ! Grâce à mon travail annexe, je pus nous procurer de quoi fêter dignement l'événement. Et Jeannot reçut notamment en cadeau une montre qui fonctionna … jusqu'au soir !

***

Avec la défaite de l'Allemagne, la sécurité était revenue dans le pays qui s'organisait pour un nouveau départ. Ma nomination à Rouen semblant définitive, le moment était venu de chercher un logement sur place pour ma famille. Les destructions ayant, bien entendu, considérablement restreint le marché locatif, j'enfourchai une fois de plus mon vélo pour me mettre à la recherche d'une habitation dans un rayon de plusieurs kilomètres autour de la ville. Revenant régulièrement bredouille, je m'en ouvris à M. Sudron qui employait à des travaux de couture une veuve de Boisguillaume d'une soixantaine d'années, vivant seule dans un pavillon entouré d'un jardin, logement dont elle était justement prête à louer la plus grande partie. Il me mit en contact avec elle. Elle était disposée à nous accueillir, mais le pavillon était meublé. « *Ce n'est pas un problème*, me dit-elle, *nous nous arrangerons.* » Nous nous sommes si bien arrangés que nous sommes devenus amis.

Nous avons donc entrepris notre transfert vers Boisguillaume. Nous avons rassemblé nos meubles et nos provisions, charbon compris, qu'un camionneur transporta à la gare de Compiègne où j'avais loué un wagon. La veille de notre départ, la maison étant vide, nous profitâmes de l'hospitalité du concierge de la brosserie dont j'étais devenu l'ami. Le 1er novembre 1945, nous quittions l'Oise pour nous installer définitivement en Seine-Inférieure (qui ne deviendra que plus tard Seine-Maritime). Le soir, un autocar de la CNA mis à notre disposition avec son chauffeur venait nous prendre à la gare pour nous conduire à notre nouveau domicile 2, rue Levavasseur, la rue portant le nom du mari de notre logeuse qui avait fait don du terrain à la Commune pour y tracer cette nouvelle voie.

Nous nous y installâmes dans les meubles de notre logeuse qui s'était réfugiée, avec une vieille demoiselle, son amie Augustine Lambert, qui

Un nouveau départ

devait mourir quelques années plus tard d'une embolie cérébrale, dans un studio aménagé derrière l'ancienne serre qui leur tenait lieu de salon d'été. Le pavillon, construit sur trois niveaux, était partagé en deux par une cage d'escalier de part et d'autre duquel s'ouvraient la cuisine et la salle à manger au rez-de-chaussée surélevé sous lequel était creusée une cave, deux chambres au premier étage et deux mansardes dont l'une restait à leur disposition. A l'arrière était accolé un appentis offrant en bas un cellier avec WC (sans chasse) où se trouvait une pompe aspirant l'eau d'une citerne, au-dessus une espèce de corridor-garde-robe avec un autre WC et une pièce avec baignoire donnant accès à un petit grenier plein de souvenirs poussiéreux de la Belle Epoque et où l'on ne pénétrait jamais. Au fond du jardin bordé de tilleuls, appuyée à la maison, une tonnelle en bois donnait à l'extérieur un air de guinguette. Il n'y avait pas l'eau courante, on se chauffait comme on pouvait avec des poêles à bois ou à charbon, et même une espèce d'insert dans l'âtre de la cheminée d'une des chambres que nous attribuâmes aux enfants, mais nous étions au calme, avec peu de voisins, d'ailleurs perdus dans la verdure de leurs parcs. Au-delà d'un vaste herbage, notre chambre et notre salle à manger donnaient sur l'église paroissiale à près d'un kilomètre de la maison.

Quand nous eûmes récupéré le contenu de notre wagon à la gare du Nord, il fut ramené à Boisguillaume où il prit progressivement la place du mobilier initial. Il nous faudra attendre des années pour disposer, dans le cellier, d'un robinet d'eau courante mais nous ne pouvions pas alors nous offrir le luxe d'être difficiles en matière de logement. Nous nous contentions du bonheur d'être enfin réunis.

***

Les enfants furent inscrits à l'école à Boisguillaume, Jeannot en Fin d'études à l'école de garçons près de la mairie, Ginette au cours préparatoire à l'école des filles près de l'Église. Au début décontenancé par l'écart de niveau entre sa classe de Tracy et celle de Boisguillaume, Jeannot finit par redevenir un bon élève et, grâce aux encouragements de Maria, il se hissa même à la première place en fin d'année. À la première partie du Certificat d'Études (qu'on passait ces années-là en deux fois), il obtint le 1er prix du canton de Darnétal et fut admis à l'examen des bourses et d'entrée en 6ème au Collège moderne de la rue des Requis à Rouen. (C'était dans les locaux du collège, ancienne École Primaire

Supérieure, que pendant la guerre, avaient été rassemblés les « *requis* » astreints au STO.).

Moi, j'appréciais de pouvoir rentrer tous les soirs chez moi : si je ne prenais pas mon vélo, je pouvais prendre à l'Hôtel de ville le tramway n°4 qui s'arrêtait à la demande au bout de la rue Levavasseur. En 1952, je fis l'acquisition d'une petite moto. Pour avoir l'accord de Maria, je lui avais proposé de lui offrir un manteau de fourrure, ce qu'elle avait accepté avec joie. De moto, elle n'en avait que l'allure. C'était en fait un cyclomoteur sans vitesses qu'on pouvait faire avancer en pédalant. Je l'avais payé 50 000 F et je n'en étais pas peu fier. Mon fils en héritera quand il ira à l'École Normale et que nous roulerons en automobile...

Je disposais toujours des vieux pneus devenus impropres à l'équipement des cars et, après remise en état, je les transformais en denrées diverses ou en bon argent nous permettant d'acheter ce dont nous avions besoin au marché noir, la fin de la guerre ne signifiant pas la fin du rationnement qui dura encore plusieurs années... A la CNA fonctionnait chaque semaine une véritable boucherie clandestine : un chauffeur apportait un quartier de viande qui, débité, était réparti entre tout le personnel. Secrétaire et comptable de l'opération, j'y gagnais à chaque fois un morceau gratuit.

Je continuais à jardiner. Au début, Mme Levavasseur se réservant la moitié du jardin devant la maison, je trouvai à cultiver un bout de champ à Quincampoix, où vivait le jeune Jacques Anquetil, qui avait l'âge de Jeannot, à 8 km de là. Nous élevions aussi des lapins que nous n'avions pas de mal à nourrir avec tout ce que nous trouvions au bord des chemins et dans les prairies environnantes.

***

La France, ayant déblayé ses ruines, avait entrepris sa reconstruction. Rouen était un immense chantier. Les travaux dureront d'autant plus longtemps qu'un projet visant à permettre aux cargos de remonter jusqu'à Paris imposa de surélever les quais en même temps que l'on construisait de nouveaux ponts. Les trottoirs des boulevards et une partie des zones rasées étaient occupés par des constructions provisoires qui dureront des années. La gare routière « provisoire » de la rue des Charrettes sera encore en place, délabrée, plus de quarante ans après sa construction...

Un nouveau départ

Les chemins de fer fonctionnant à peu près normalement, à la fin de l'été 1945, nous avions pu retourner dans l'Est pour y retrouver la famille que nous avions quittée cinq ans plus tôt. Nous étions partis séparément, moi de Rouen, Maria et les enfants de Compiègne, pour nous rejoindre à Paris. Le voyage se fit dans un train bondé dont les portières avaient dû rester ouvertes, les voyageurs débordant sur les marchepieds... Nous pûmes voir une dernière fois Papa qui devait mourir quelques semaines plus tard et embrasser rapidement les présents à Nancy et à Monswiller. Nous avons aussi redécouvert avec émotion des lieux qui nous étaient chers et qui n'avaient heureusement pas trop souffert de la guerre. Nous y retournâmes en août de l'année suivante, depuis Rouen cette fois, et nous prîmes ainsi l'habitude de retourner chaque été dans la famille. À Nancy, Maman vieillissait ; mon frère Louis avait repris sa place à la banque et Fernand, le mari de ma sœur Marguerite responsable du dépôt d'une compagnie de transport occupait la maison de gardien de la place des Ducs de Bar. Jacqueline (Linette), employée de bureau, venait d'épouser un garçon à peine libéré de son engagement dans la 1ère Armée française qui avait participé à l'invasion de l'Allemagne. René, lui, avait été prisonnier pendant la guerre ; il était vite retombé dans la boisson à la Libération et suivait une mauvaise pente qui finira par le conduire à l'état de clochard et au suicide à 60 ans. À Monswiller le grand-père Hausser était devenu aveugle. Antoine, employé à la perception de Saverne, occupait la maison familiale et l'avait pris en charge. Joseph Ham était installé à Saverne avec Joséphine et leurs cinq enfants en haut d'une rue de la ville. Georgette, enfin, dont le mari, Joseph Hausser avait disparu, blessé au ventre sur le front de Russie, vivait avec ses souvenirs et peu d'espoir en compagnie de ses parents dans la maison familiale, au-dessus de la voie de chemin de fer.

En mars 1947, à l'occasion d'un déplacement professionnel pour sa banque, nous eûmes le plaisir de recevoir à Boisguillaume mon frère Louis, qui revint en juin avec Antoinette. En septembre, c'était au tour de ma jeune sœur Linette et de son mari. Nous vivions toujours en marge mais les liens familiaux étaient rétablis.

***

Si la société Dunlop ne se montrait guère généreuse à mon égard, j'étais assimilé.au personnel de la CNA. Pour la Noël, par exemple, le Comité d'Entreprise me faisait bénéficier comme les autres de son arbre de Noël. La distribution des cadeaux était précédée d'une fête dont le clou était l'apparition du père Noël. J'eus l'occasion d'y pousser la chansonnette, avec ma jolie voix de baryton dans un répertoire de Jean Lumière (*la petite Ville, le petit voilier*...). Une fois l'an, un dimanche, la compagnie organisait une grande sortie annuelle. En octobre 1947, la longue théorie des cars transportant les familles nous emmena sur les plages où avait eu lieu le débarquement à peine plus de trois ans auparavant. C'était impressionnant. Celle d'Arromanches avait retrouvé sa sérénité, mais le regard se posait immanquablement sur les nombreux vestiges qui l'encombraient encore : véhicules ou canons endommagés, bateaux coulés, caissons du port artificiel... De Caen, que nous traversâmes à cette occasion, il restait encore moins que de Rouen : la résistance allemande y avait été acharnée et le siège terrible ... L'année suivante, au Premier mai, on nous emmena sur les champs de bataille de 14-18, autour de Vimy et N.D. de Lorette. L'année d'après, délaissant les champs de bataille, les cars nous conduisirent à Versailles. Au retour, on s'arrêta dans une auberge pour le casse-croûte qui se prolongea par un bal...

En avril 1949, nous sommes retournés seuls à la Vacquerie, en autocar, avec une correspondance à Caen. Ce furent d'émouvantes retrouvailles au cours desquelles, pendant nos quatre ou cinq jours sur place, nous avons beaucoup mangé et beaucoup bu...

Le dimanche, nous allions nous promener à la découverte de Rouen dévastée et de ses environs. Comme j'avais des bons de transport gratuits de la CNA, nous en profitions parfois pour aller passer des dimanches à la campagne ou au bord de la mer. Nous sommes aussi quelquefois allés à Paris, pour visiter la ville et voir des spectacles. Les hôtels où nous descendions au lendemain de la guerre n'avaient rien de palaces : ils servaient parfois accessoirement d'hôtels de passe ou grouillaient de punaises, comme un certain établissement du passage Brady ...

Au printemps 1949, nous y passâmes même cinq jours de vacances. De nombreux hôtels affichaient « complet »; nous avons malgré tout fini par dénicher des chambres dans le faubourg Poissonnière. Nous mangions un repas froid à midi sur un banc ou dans un café où l'on pouvait « *apporter son mange* » et le soir nous dînions dans un restaurant des *Coop*,, qui tenait plus de la cantine d'entreprise que du *Fouquet's* ! Notre argent, nous le gardions pour les spectacles : cinéma, sur les

Un nouveau départ

grands boulevards, mais surtout théâtre. Nous sommes ainsi allés au Châtelet pour « *l'Auberge du Cheval Blanc* », avec Luc Barney et au Mogador pour « *Violettes impériales* », avec Marcel Merkès et Lina Walls. Plus tard, nous irions voir « *Annie du Far-west* », avec Lili Fayol... C'était merveilleux : nous aimions tant l'opérette qui nous faisait oublier le triste passé proche ! Dans la journée, nous parcourions Paris, des Buttes Chaumont au Luxembourg, en passant par la Foire à la ferraille et au jambon sur le boulevard Richard Lenoir. Nous avons visité le musée Carnavalet et les Catacombes et nous avons même poussé jusqu'au château de Fontainebleau, éblouissant, où nous avons physiquement ressenti la présence de l'Empereur devant le perron des « adieux ».

***

Nous aimions tous le cinéma. Le dimanche nous descendions immanquablement à la première séance de l'après-midi d'un des rares cinémas de Rouen en service : le vieux *Sélect*, de la rue du Gros Horloge, le luxueux *Normandy* de la rue Ecuyère et le rudimentaire *Coucou* de la rue du Champ des Oiseaux. Nous appréciions particulièrement les films américains en *Technicolor* avec une grande mise en scène, comme « *l'Odyssée du Dr Wassel* », avec Gary Cooper, ou les films sentimentaux comme « *Destins* », avec Tino Rossi, dans lequel il créa la fameuse chanson « *Petit Papa Noël* ». Le mercredi soir, l'amicale laïque de Boisguillaume organisait une projection dans la salle de la mairie, que nous manquions rarement. Les chaises n'étaient pas très confortables, mais le prix d'entrée était assez minime pour nous le faire oublier.

La télévision était encore balbutiante. Nous vîmes notre premier téléviseur en fonctionnement à Paris, à l'occasion d'une visite au salon de l'auto organisée par la CNA, en novembre 1949. Mais nous écoutions en famille la radio : *Paris-Inter*, avec son feuilleton humoristique de Pierre Dac et Francis Blanche, « *Malheur aux barbus* » et les feuilletons plus héroïques sur les exploits de la résistance, *Radio Luxembourg* avec la « *Famille Duraton* », son animateur Zappy Max et sa réclame dite ou chantée: « *la brillantine, la meilleure la plus fine, mais oui c'est la... brillantine Roja* », « *Dents blanches, haleine fraîche, superdentifrice Colgate!* », « *Brunswick, Brunswick, c'est le fourreur qui fait fureur!* », ou encore « *Un meuble signé Lévitan est garanti pour longtemps !* ». Nous écoutions aussi Saint-Granier, ancien jeune premier d'opérette, animer le « *Ploum, ploum, tralala !* », sorte de radio-crochet qui parcourait une France qui se cherchait après les années troubles. Quel événement quand il vint planter son micro sur la place de l'Hôtel de ville ! Et le théâtre radiophonique, « *les Maîtres du Mystère* », entre autres. Et les concerts de musique légère du dimanche après-midi. Au début 1951 j'achetai un poste *Sonora* très moderne, pour lequel Maria fabriqua une housse décorée d'une broderie dont Jeannot avait dessiné le modèle et que je complétai peu après avec un pick-up destiné à remplacer notre phonographe d'avant-guerre, disparu dans la tourmente. Il faudra alors reconstituer une discothèque réduite à bien peu de choses. C'est alors que firent leur apparition les merveilleux *microsillons* longue durée 33 et 45 tours. La visite rue Saint-Nicolas chez Damamme, l'un des deux seuls disquaires de Rouen avec Verhaegen, devint, avec la tournée au Marché aux puces du Clos Saint-Marc, un des buts de promenade du dimanche matin.

Nous aimions également lire. Non seulement nous empruntions aux bibliothèques scolaires, mais j'achetais régulièrement des volumes de la *Bibliothèque Verte* ou de la *Collection Nelson*, de la *Bibliothèque Rose* pour , et de la collection « *Signes de piste* » pour Jeannot, quand il sera scout. Je jetai également mon dévolu sur les premiers livres de poche, de chez *Marabout*, par exemple, et de gros *best-sellers,* ainsi que, chaque année, les almanachs Vermot et Hachette, de styles bien différents, sans compter les journaux, notamment *Paris-Match,* pour toute la famille, *Tour à Tour*, pour moi, *les Veillées des Chaumières* pour Maria, *Donald,* pour Jeannot, *la Semaine de Suzette,* pour Ginette. J'envoyai un jour promener une bonne sœur de la paroisse, la sœur Claire, qui se mêlait de tout et, critiquant mes choix, voulait me faire acheter sa « bonne presse » pour mes enfants!

***

Le souvenir de la guerre s'éloignait. Le rationnement finit par disparaître. Rouen commençait à se relever de ses ruines et nous à nous installer dans notre nouvelle vie de banlieusards. Insensiblement, nous devenions tous définitivement rouennais. Nous avions nos racines dans l'Est, mais notre vie était désormais ancrée dans la capitale normande.

Au soleil de Boisguillaume

CHAPITRE IX
JOURS TRANQUILLES
À BOISGUILLAUME

À la rentrée d'octobre 1946, notre fils était entré au Collège Moderne où il était demi-pensionnaire. Il s'y rendait chaque jour en tramway, en attendant que je lui achète un vélo. Il lui arrivait toutefois de descendre à pied les quelque quatre kilomètres qui nous en séparaient Sa sœur continuait à l'école des filles de Boisguillaume.

Jeannot n'avait pas eu le temps de vraiment s'intégrer parmi les garçons de son âge à Boisguillaume. En juillet 1947, plutôt que de le voir traîner à la maison, nous l'avons fait admettre chez les Scouts de France, à la Vème Rouen, que commandait un fils de l'architecte. Son chef de patrouille, fils d'un menuisier bien-pensant, demeurait en bas de Mont-

Saint-Aignan. Les activités qui ne se déroulaient pas en plein air eurent bientôt pour cadre une vaste maison confessionnelle de la rue de Joyeuse. Cette troupe recrutait parmi les rejetons de la bourgeoisie des beaux quartiers de Rouen et de sa banlieue nord ; la plupart des compagnons de notre fils allaient dans les établissements catholiques de la ville, mais il semblait bien s'entendre avec eux. Son premier camp de Pâques, en 1948, l'emmena pour quelques jours à Jumièges. Le grand camp eut lieu dans l'Orne. L'année suivante, la troupe se rendit en Auvergne, dans le massif du Sancy, au bord du lac Chauvet. Pour le suivant, en 1950, le chef de troupe et l'aumônier, professeur au Séminaire, nous persuadèrent de le laisser partir à Rome avec eux pour l'Année Sainte, notre contribution financière devant être aménagée de façon à ne pas constituer un obstacle. Ce fut pour lui un beau voyage...

***

En 1949, Maria ne se sentait pas bien. Elle avait mal au bas-ventre, se plaignait de pertes et de douleurs à l'utérus... Le médecin de famille diagnostiqua un fibrome. Pour en être tout à fait sûr, nous allâmes en consulter un autre qui confirma le diagnostic et conseilla l'ablation. Maria, courageuse comme à son habitude, ne perdit pas de temps en tergiversations: « *Puisqu'il faut y passer, fixons tout de suite la date. Le plus tôt sera le mieux* ». Le lundi 25 juillet 1949, elle entrait à la clinique Petit de Boisguillaume, pour y être opérée le lendemain. On la débarrassa en fait d'un kyste et d'un assez gros fibrome qu'elle avait aux ovaires et que j'ai vus après l'opération. Tout se passa pour le mieux, mais ce fut plutôt douloureux pour Maria durant un certain temps. Pendant son séjour à la clinique, je me débrouillai pour m'occuper seul des enfants et de la maison : Dunlop avait accepté que j'organise mes horaires en conséquence, l'essentiel étant que mon service soit assuré.

Pour ne pas lui gâcher ses vacances, nous n'avions rien dit à Jeannot, parti avec les scouts pour son grand camp d'Auvergne. Ce n'est qu'à son retour qu'il apprit l'opération de sa mère. Avec Ginette, ils se sont tous deux arrangés pour m'aider de leur mieux aux tâches ménagères, en attendant que Maria puisse reprendre son travail chez nous. Par la suite nous utiliserons pendant un temps, tous les lundis, les services d'une pittoresque laveuse à domicile.

***

Jours tranquilles à Boisguillaume

En 1950, comme je gagnais assez bien ma vie, je formai le projet d'acheter une automobile qui nous libère de l'obligation de recourir au train ou à l'autocar. Il n'était évidemment pas question d'une voiture neuve : elles étaient alors rarissimes et très chères. Je réussis à trouver une 301 *Peugeot* avec seulement 60 000km au compteur, un modèle « commercial », c'est à dire munie d'un hayon arrière particulièrement pratique pour le pique-nique et le camping, moyen le plus économique de voyager et de découvrir le monde. À cet effet, j'allai à Paris aux Stocks américains. J'y achetai une tente lourde mais robuste, un ancien abri à munitions en bâche huilée, qui devait pouvoir nous abriter tous les quatre. J'achetai aussi un seau de toile, une « vache à eau », un réchaud à vapeur d'essence et un ensemble comprenant une table et quatre tabourets de bois qui, pliés, occupaient un encombrement minimum. Pour tapis de sol, il fallut se contenter de vieilles descentes de lit marocaines et d'une peau de chèvre de même origine. Plus tard, nous achèterions deux matelas pneumatiques.

Ainsi équipés, le 1er août 1950, les couvertures étalées sur le siège arrière, la tente arrimée sur la galerie de toit, j'emmenai ma petite famille vers le sud-ouest pour la grande aventure, au volant de celle que nous avions baptisée Rossinante, du nom de la fameuse haridelle de Don Quichotte. Je m'y étais préparé par quelques excursions du dimanche, dont l'une nous avait conduits un dimanche à Tracy, où nous avions retrouvé avec émotion les amis que nous y avions fréquentés pendant les années noires...

Pendant la Guerre, j'avais fait le vœu, si nous sortions tous indemnes de l'épreuve, de nous emmener à Lourdes en pèlerinage d'action de grâce. Le moment était venu de tenir parole, tout en profitant des possibilités touristiques offertes par le déplacement. Chaque fois que nous le pouvions, nous campions sur des terrains privés avec l'accord des propriétaires. Cela nous permettait de rencontrer des gens, des paysans surtout, qui nous vendaient des œufs, du lait ou du fromage, et de faire des économies. L'offre d'un cigare permettait parfois de surmonter la méfiance naturelle des autochtones... À deux reprises seulement, nous nous sommes installés sur des terrains de camping. À Lourdes d'abord ; mais ce n'était qu'un pré en pente, bosselé de taupinières, auprès d'un hôtel qui nous fournissait l'eau de son puits. Pas de sanitaires : pour faire ses besoins, on devait se trouver un espace libre pour s'accroupir dans des buissons malodorants, et cela pour 50 F par jour !. Seul point positif : la vue sur le château illuminé la nuit, la basilique et son esplanade avec sa procession aux flambeaux... À Biarritz, ensuite, à la Chambre d'Amour, cette fois sur un vrai terrain aménagé avec sanitaires, bar, cinéma, alimentation. Il y avait là une véritable ville de toile de quelque 1 500 habitants (on ne connaissait pas encore les caravanes).

Nous vivions comme des Romanichels, cuisinant à quatre pattes sur notre réchaud ou sur un feu de bois entre quelques pierres, lavant notre vaisselle et notre linge dans l'eau des rivières ou des ruisseaux et profitant des sources que nous pouvions découvrir, comme ce fut le cas au bord du Lac Chauvet où Jeannot nous emmena retrouver son campement scout de l'année précédente et où nous nous sommes régalés d'une friture du lac achetée au gardien des lieux.

Malheureusement, l'âge des pneus et des chambres à air les avait rendus assez peu fiables. Si bien que nous eûmes à déplorer, en 2 400 km huit crevaisons successives qui mirent chaque soir à contribution mes talents de réparateur de pneumatiques ! Pour comble de malchance, le radiateur s'était mis à fuir, nous obligeant à remettre régulièrement de l'eau, ce qui n'était pas une mince affaire en cet été exceptionnellement sec. Il fallut nous arrêter pour le faire réparer à Alvignac-les-eaux... Ces mésaventures ne nous empêchèrent pas de profiter de notre voyage pour visiter en cours de route des châteaux Renaissance, le plus ancien barrage hydroélectrique de France, celui d'Éguzon, les travaux du barrage de Bort-les-Orgues, de descendre au fond du gouffre de Padirac, d'escalader en téléphérique le Puy de Sancy et de pousser jusqu'à Irun pour faire quelques pas en Espagne.

J'en profitai également pour passer par Tombebeuf, où s'était terminé ma guerre de 39. Après avoir envoyé à mon ami Désiré une carte postale commémorative, j'avais pris la direction de la ferme Daunis à Tourtrès. J'avais arrêté prudemment la voiture au bout du chemin menant à la ferme et je m'étais avancé à pied, redoutant que la fermière ne soit plus de ce monde : je n'avais pas eu de ses nouvelles depuis sa dernière et déjà ancienne lettre qui la disait très malade... Une silhouette noire était apparue. C'était sa belle-mère. Elle me reconnut aussitôt. « *Mais c'est Monsieur Henri, naturellemeng... Entrez donc. Mais oui, tout le monde va bien, naturellemeng... Mon pauvre mari nous a quittés, mais mon fils et ma belle fille vont bien. Ils seront bien aise de vous voir, naturrellemeng... ».* Je ne regrettai pas la mort du vieux qui était un homme dur, surtout pour sa belle-fille sur le compte de laquelle j'étais désormais rassuré. L'auto amenée dans la cour, les retrouvailles furent émouvantes. Présentation mutuelle de ceux qui ne se connaissaient pas... On nous pria de rester à manger. On improvisa pour nous un véritable banquet. Sous l'effet du vin dont la grand-mère, profitant de l'euphorie générale, se versait de larges rasades, les langues se délièrent et la conversation animée se prolongea assez tard.

Après une nuit réparatrice que nous avions préféré passer dehors, sous la tente, plutôt que de risquer les assauts des puces dans la maison, et un copieux casse-croûte matinal, abondamment approvisionnés en confits divers et en pruneaux, nous étions repartis avec un poulet vivant qu'on nous avait littéralement mis dans les bras pour faire bonne mesure. Pendant la guerre, j'avais écrit à Mme Daunis pour lui demander de la nourriture. Malgré les difficultés du moment et la nécessité de garder de quoi envoyer des colis à son mari prisonnier, elle avait quand-même réussi à nous faire parvenir quelque chose. C'étaient de braves gens que j'eus plaisir à revoir avant que la vie ne nous sépare à jamais...

***

L'année suivante, nous allions à Monswiller et à Nancy pour faire le tour de la famille en sillonnant la Lorraine et l'Alsace, à la recherche de nos souvenirs. En 1952, nous sommes retournés vers le sud : Marseille, Nice, Monaco... en passant par Auxerre et le département que j'avais parcouru au début de mon retour chez Dunlop pendant l'Occupation. Quand nous ne pouvions pas être hébergés dans la famille, nous campions désormais de temps en temps sur des terrains aménagés et il nous arriva même de dormir à l'hôtel, la tente donnant des signes de fatigue. Nous sommes ainsi retournés à la pension où nous étions allés à Nice, quinze ans plus tôt. La petite Céleste était devenue une belle jeune fille de 22 ans...

Une nuit de 1952, à l'époque où des campeurs anglais avaient été assassinés à Lurs dans des conditions mystérieuses près de la ferme Dominici, nous campions dans un champ en contrebas d'une voie ferrée. Tout à coup Maria, entendant un curieux bruit métallique, poussa un petit cri que personne n'entendit. « *Quelqu'un touche à la voiture* », pensa-t-elle sans oser réveiller la famille qui dormait à poings fermés... Un autorail passa alors bruyamment sur la voie. Nouveau bruit métallique.

Trois petits tours

Cette fois, c'est Jeannot qui se réveille en sursaut, au milieu d'un rêve où il poursuivait, pieds nus sur l'herbe, un voleur dans la nuit. Incapable de distinguer le rêve de la réalité, il s'extirpe de son sac de couchage avec une agilité d'anguille et, en dépit des efforts de Ginette pour le retenir, bondit au dehors en braillant « *Au secours !* » . Brusquement réveillé à mon tour, je hurle: « *Salopard !* », pensant effrayer l'éventuel agresseur. Persuadé qu'il s'était introduit dans la tente, Jeannot revient et c'est une mêlée générale. Il saisit le bras de quelqu'un qui semble vouloir s'échapper. « *Lâche-moi*, implore Maria, la mieux réveillée parmi nous, *ce n'est que moi, tu me fais mal !* » Jeannot retourne alors d'un bond vers l'auto où il pense que s'est réfugié le malfaiteur, ouvre la portière et, le poing en avant, lance un menaçant: « *Sors de là, tu es fait !* » Pas de réaction. Allumant sa lampe de poche, il promène le faisceau lumineux à l'intérieur du véhicule : personne. Pourtant, nous avons bien entendu des bruits suspects... À présent tout à fait réveillés, nous inspectons les abords : aucune trace. Bizarre, bizarre... Avec bien du mal, nous réussîmes néanmoins à nous rendormir.

Le matin, nous eûmes l'explication du mystère : nous étions à notre toilette, quand le même bruit entendu la nuit retentit soudain au-dessus de nous. Levant la tête, nous voyons au bord de la voie ferrée un disque de signalisation de chemin de fer qui venait de pivoter et qui oscillait encore. Celui qui avait annoncé l'autorail, cette nuit, avant et après son passage et qui nous avait tant effrayés... De malfaiteur, il n'y en avait jamais eu que dans notre imagination !

Si les crevaisons devaient être un peu moins fréquentes qu'en 1950, Rossinante donna cependant en 1952 de graves signes de fatigue. Les démarrages étaient de plus en plus difficiles et le recours à la manivelle s'imposait souvent. Il fallut même parfois pousser pour la faire démarrer. À Nice, on dut changer un joint de culasse. Dans les Alpes, l'ascension du col Bayard la fit souffrir au point que les passagers durent descendre pour la laisser monter, et qu'il fallut nous arrêter deux jours à Corps pour faire réparer l'embrayage, réparation nécessitant une pièce à faire venir de Gap ou de Grenoble. Une révision au garage de mon beau-frère Fernand, à Nancy et un rodage de soupapes à Monswiller lui donnèrent une nouvelle jeunesse, mais j'envisageai alors de la revendre pour acheter une automobile neuve, le petit bijou populaire de l'époque, la 4 CV *Renault*...

Jours tranquilles à Boisguillaume

***

Ce fut cependant Rossinante, dans sa période faste, qui nous avait conduits à Bonsecours à l'occasion de la Première Communion de Ginette qui avait eu lieu un dimanche de mai 1950, en l'Église de Boisguillaume, où officiait un vieux curé déphasé, entouré de chantres décrépis qui avaient bien du mal à donner de la solennité à l'évènement. Les communiantes étaient cependant bien mignonnes, dans leurs robes de tulle blanc, Ginette en particulier. Malheureusement, seule Anna Ham avait pu accepter notre invitation. Nous nous retrouvâmes donc en cercle restreint, avec notre propriétaire qui avait accepté de faire gratuitement la cuisine à cette occasion. Nous n'eûmes pas trop des vêpres pour digérer tout ce que nous avions avalé ! Le soir, nous eûmes la visite de la fille de mon ami Chovet et de son mari. Ils restèrent à dîner et l'ambiance devint de plus en plus chaleureuse. On but, on fuma, on chanta... Ce fut une belle fête et l'on finit par oublier les absents !

A l'automne 1951, notre fils était entré à l'École Normale d'Instituteurs de Rouen. Après une brillante scolarité dans le premier cycle du collège, on s'était aperçu que la voie dans laquelle on l'avait engagé —le dessin industriel, voire l'entrée à l'École Nationale des Arts et Métiers d'Armentières— était une impasse pour lui. C'était un artiste plus qu'un technicien ! D'ailleurs, à partir de la seconde, ses notes de mathématiques, de dessin technique, de technologie, d'atelier le prouvèrent éloquemment. N'ayant le choix qu'entre la profession d'instituteur ou celle de postier, il choisit la première et se mit à préparer le concours d'entrée à l'École Normale. À sa grande surprise et à notre grande fierté, il fut reçu major de sa promotion et entra directement en première. Pendant un an, il fut interne rue St Julien, ne rentrant à la maison que le jeudi après-midi et le dimanche. Pendant les trois années qui suivirent, pour faire de la place à ceux qui venaient de loin, il fut « interne externé », c'est à dire qu'il prenait tous ses repas à l'École mais rentrait dormir à la maison...

***

En 1953, Dunlop me proposa de reprendre la route, dans le cadre d'un nouveau service de « *soins et surveillance* ». Je faisais déjà quelques déplacements au Havre et à Dieppe pour la CNA. Quand j'allais à Dieppe, l'été, Maria me rejoignait quelquefois en autocar pour midi. Nous mangions ensemble et revenions le soir dans le même car qui nous déposait au bout de notre rue. Cette fois, il me fallait quitter un univers où j'avais fait mon trou, où j'avais mes petits arrangements et où je me trouvais bien. Mais je pouvais difficilement refuser.

On me dota d'une fourgonnette-atelier, une *Juvaquatre*, puis une 203 *Peugeot*, avec laquelle je me déplaçai dans toute la Normandie et même au-delà. On m'envoya à Cambrai, à Saint-Quentin, à Reims... Je faisais la tournée de nos clients et je vérifiais l'état de leurs pneumatiques que je devais entretenir le cas échéant. L'été, c'était agréable: j'aimais voyager. Mais l'hiver, quand il fallait se glisser sous des camions par des froids de -15°, ça l'était beaucoup moins ! Ce que je redoutais le plus, c'était le verglas. Un jour, entre Alençon et Argentan, j'eus à affronter à la fois la nuit, le brouillard et le verglas. Je n'en menais pas large. Et pourtant, pendant tout le temps que j'ai roulé, je n'ai jamais eu que quatre accidents.

Le premier, avant-guerre, alors que je commençais à conduire, sur une route enneigée de la Meuse. Inconscient du danger, je roulais franchement. Tout à coup, dans un virage, je sentis la voiture, la petite *Rosengart*, partir à la dérive pour se renverser dans le fossé. Je n'allais pas vite. Je réussis à m'en sortir sans dommage et je courus au village le plus proche prévenir Paris par téléphone. On me conseilla de me débrouiller pour faire le nécessaire. Quand je revins auprès de mon véhicule, il était à nouveau sur ses roues, au milieu de la chaussée: des paysans, qui avaient assisté à ma sortie de route depuis le champ où ils étaient au travail, l'avaient complaisamment sorti du fossé.

Le second, de nuit, à Nancy, que j'ai déjà raconté.

Le troisième (qui n'en était pas vraiment un mais me conduisit pourtant au tribunal) à Metz, vers 1936. Au moment où je dépassais lentement un autobus arrêté sur la place Saint-Louis, une femme avait débouché brusquement de devant le bus et avait tamponné mon véhicule. Je m'étais aussitôt arrêté, en lui reprochant de traverser en courant sans regarder. « *Oh, mais Monsieur*, m'avait-elle répondu, *ce n'est rien. Ça va. —Vraiment, vous êtes sûre ? Parce que sans cela, on va faire une déclaration. —Non, non, je n'ai rien. — Bon, eh ! bien, puisque c'est ainsi, l'incident est clos. Au revoir Madame.* » J'étais remonté dans ma voiture et j'avais oublié l'incident. Quelque deux mois plus tard, je reçus une note de Paris m'apprenant que j'étais poursuivi pour délit de fuite à l'occasion de cet « accident ». On devine ma surprise. Bien que Dunlop ait fait des propositions pour un arrangement à l'amiable, ma « victime » maintint sa plainte et nous nous retrouvâmes devant un tribunal. L'avocat que m'avait fourni Dunlop ne brillant guère par sa compétence, je dus prendre moi-même ma défense quand on évoqua ma soi-disant « fuite » : « *Comment peut-on imaginer que je cherchais à "fuir" alors que je circulais dans une voiture portant en lettres énormes l'inscription "Dunlop", à quelques pas de chez moi, dans un quartier où je passe plusieurs fois par semaine ? La plaignante reconnaît que je lui ai parlé. Donc, je me suis arrêté. Il ne peut pas y avoir de "délit de fuite"* ». J'ai quand-même écopé d'une peine de principe : une petite amende et une suspension de permis que Dunlop s'empressa de faire sauter. En fin de compte, ma « victime » n'obtint qu'une indemnisation bien inférieure à ce que Dunlop lui avait proposé...

Le quatrième, dans les années 50, à l'entrée de Poix, dans la Somme. À cet endroit, pour passer sous une voie de chemin de fer, la route fait un brusque coude, ce que, dans le brouillard, je ne compris qu'au dernier moment, en apercevant dans la lumière des phares le mur peint en blanc de la voûte. C'était l'époque de la récolte des betteraves. La chaussée était boueuse et glissante. Je perdis le contrôle de mon véhicule et j'allai percuter un arbre. La voiture était bien abîmée, mais je m'en tirai avec une simple fracture de l'annulaire droit qui me valut une petite pension d'invalidité. En fait, j'étais prudent et je rassurais Maria quand elle s'inquiétait en lui disant que je préférais arriver dix minutes voire un quart d'heure en retard que de ne pas arriver du tout...

J'étais prudent et consciencieux. En octobre 1954, contre l'avis de Maria, je suis parti un jour pour Cambrai en dépit d'un craquement et d'une petite douleur au bas du dos qui aurait dû m'alerter : j'étais sujet à lumbago. Je devais m'arrêter en route pour déposer des affiches que m'avait confiées la succursale de Rouen pour celle d'Amiens. J'eus bien du mal à m'extraire de ma voiture : j'étais presque plié en deux. Mais je ne voulais pas m'écouter... Je repris le volant. Arrivé à destination, je me rendis tant bien que mal chez le client que je devais visiter et je lui demandai de m'excuser : je n'étais vraiment pas en état de faire mon travail. Je reviendrais le lendemain, après avoir récupéré. Et je filai m'allonger à mon hôtel habituel. Mais le lendemain, ce fut encore pire. Avec l'aide du personnel, je réussis tant bien que mal à m'installer au volant et je pris aussitôt la direction de Boisguillaume. Le trajet fut un véritable calvaire. En arrivant, je klaxonnai pour avertir Maria. Elle ne s'étonna pas de me voir revenir plus tôt que prévu : ce n'était pas la première fois que cela m'arrivait. Elle me fit du bras un signe d'amitié et elle reprit son occupation. Je klaxonnai de plus belle. Elle finit par comprendre que j'appelais à l'aide et vint à mon secours. C'était heureusement une femme robuste et énergique. Elle me sortit de la fourgonnette et me traîna littéralement dans notre chambre... Je devais mettre quinze jours à me rétablir.

A la longue, je finis par sympathiser avec certains clients ou même certains hôteliers, chez lesquels j'étais reçu comme un ami de la famille. Malheureusement, il y avait aussi les râleurs et les mauvais coucheurs. Sur le fond, ils n'avaient d'ailleurs pas forcément tort, Dunlop produisant alors, en matière de pneus pour poids lourds, ce qu'il faut bien appeler de la « saloperie » ! Comme m'avait dit un jour un représentant : « *Dunlop, ce n'est plus un fabricant de pneus, c'est un marchand de caoutchouc !* » Difficile de défendre sa marchandise dans ces conditions ! Et il m'arrivait d'hésiter longtemps avant d'entrer chez des nouveaux clients, dans la crainte où j'étais des récriminations que j'allais entendre. Je faisais ce que je pouvais pour garder à Dunlop sa clientèle. Mais c'était difficile. Et si la direction de la succursale de Rouen dont je dépendais et où je recevais mes ordres ne me tenait aucun gré de mes réussites, elle me faisait endosser la responsabilité de ses échecs. Elle avait changé depuis les années difficiles. Le directeur n'était plus celui avec lequel j'avais longtemps entretenu des relations cordiales faite d'estime réciproque et d'une vieille complicité remontant au temps du troc et du marché noir (un jerrican d'essence contre des pneus de vélo, par exemple. C'était lui qui m'avait conseillé de renvoyer à l'usine les pneus usagés de la CNA en mon nom propre, ce qui m'avait permis de recevoir en échange des lots de pneus de vélo).

Un jour, en 1956, j'en eus assez de me faire injustement rabrouer. J'explosai et je vidai mon sac sans plus me soucier des conséquences de mon audace et de ma sincérité. À la suite de cet éclat, on me signifia mon éviction du service « *Soins et surveillance* » et mon retour au service « *Entretien* ». À la maison, ce fut la consternation. Maria voyait surtout la baisse de revenu à laquelle conduisait la suppression de mes indemnités de déplacement. Les enfants, la possibilité d'être obligés de déménager si j'étais nommé au diable vauvert... Finalement, on me renvoya à la CNA. Je n'en aurais pas été mécontent, si je ne m'étais retrouvé troisième monteur, après y avoir été le chef. J'étais au bord des larmes. Mais il me fallut faire contre mauvaise fortune bon cœur. J'y gagnai de me retrouver tous les soirs à la maison. On me laissa cependant l'entretien d'une entreprise d'Évreux. J'y gagnai à chaque fois 1000 F de frais de déplacement, la CNA me permettant de faire le voyage gratuitement. Quand on me retirera ce petit privilège, en avril 1957, j'en fus si affecté que je songeai un moment à en finir par le gaz...

***

Au début de 1953, au moment où disparurent les derniers tramways de Rouen, remplacés par des trolleybus et des autobus, nous avions décidé d'abandonner notre vieille Rossinante qui avait fait son temps et n'était plus assez fiable pour nous permettre de partir loin. Nous l'avions laissée dans un dépôt-vente en attendant qu'elle puisse intéresser quelqu'un. Pour la remplacer, j'avais jeté mon dévolu sur la merveille de l'époque, destinée à un beau succès populaire, la 4 CV *Renault*, un petit bijou pour nous luxueux, confortable et propulsé par la mécanique robuste d'un tout nouveau moteur placé à l'arrière, ce qui permettait de se passer d'arbre de transmission. Le coffre à l'avant n'étant cependant pas très spacieux, j'avais acheté une galerie sur laquelle nous pouvions transporter tout ce qui ne trouvait pas de place dans ce coffre. Le modèle choisi était le modèle « sport », d'un gris bleu du plus bel effet. Les délais de livraison étant encore longs à l'époque, j'avais demandé au directeur de la succursale Dunlop de Rouen à ce moment-là, d'intervenir pour accélérer la livraison. Elle avait eu lieu à la mi-février, au bout d'une quinzaine de jours ; et sur les 580 000 F que coûtait la voiture, on m'avait consenti une remise de 25 000 F, comme membre d'une profession du secteur automobile. Elle passait la semaine dans un garage que je louais à un kilomètre environ de chez nous, et le dimanche, nous allions la roder sur la route.

Avec cette merveille que nous baptisâmes Désirée, nous pouvions aller au-delà des frontières, d'autant que Renault disposait d'un réseau déjà bien implanté dans toute l'Europe. En avril, notre premier voyage nous avait conduits pour quelques jours en Belgique : les Ardennes, Namur, Bruxelles, Gand, Bruges... Le suivant, en mai, nous avait conduits, sans les enfants, à Monswiller, à l'inhumation du père de Maria. Ce qui aurait dû être lugubre s'était transformé en une très joyeuse fête de famille. Il faut dire que la mort d'un vieux père est dans l'ordre des choses et qu'en dépit du chagrin qu'on en a, la vie continue... Nous y étions retournés en juillet-août pour mes vacances. L'année suivante, notre 4 CV nous avaient emmenés à Nancy au mariage de ma nièce Christiane, la fille de Marguerite.

En août 54, nous sommes retournés à Nice, sans Jeannot, qui était resté à attendre la décision de l'ambassade américaine concernant sa demande de bourses pour un séjour d'études aux Etats-Unis, réponse finalement négative, le nombre de bourses attribuées cette année-là étant en forte régression... Notre itinéraire nous fit passer par le Massif Central (Thiers, le Puy, Millau...) et la côte d'Azur (Montpellier, Arles, Marseille, Cannes). Plus question de camping : désormais nous couchions à l'hôtel. Après quelques jours sur place à Nice, retour par Digne, Gap et Grenoble. Là, à la pause de midi, un gamin accrocha au passage l'aile de notre Désirée avec sa charrette à âne. Devant nos récriminations, il fondit en larmes. Son père nous donna finalement 500 F pour la réparation et il n'en fut plus question. La remontée continua par la Savoie et Chamonix où nous fîmes provision de reblochon...

En juillet 1955 peu après le retour de Jeannot parti pour le voyage de fin d'études de sa promotion de l'École Normale sur la rive allemande du Rhin, nous parcourûmes l'Autriche et l'Allemagne. Au bout de deux jours dans la capitale autrichienne et une nuit dans un *gasthauss* tyrolien qu'on aurait pu croire sorti d'un musée folklorique, avec ses immenses chambres, ses balcons de bois sculpté et une salle d'auberge aux poutres apparentes décorées des chopes de bière des habitués avalant leur breuvage favori par litres entiers, nous revînmes par l'Allemagne avant de passer quelques jours à Monswiller et à Nancy.

En 1956, du 16 juillet au 1er août, Désirée nous emmena en Italie, jusqu'à Rome, en passant par le Jura, la Suisse et le Simplon que nous franchîmes sous la pluie à 2000 m d'altitude, les douaniers rechignant à sortir de leur abri pour les contrôles. À Milan, nous découvrîmes que les hôtels italiens de l'époque pouvaient être à la fois modernes, confortables et relativement bon marché, compte tenu du change qui nous était alors favorable. À Vérone, envahie par des festivaliers, nous logeâmes chez un barbier qui nous servit au réveil un café noir si fort que nous en eûmes la tremblote toute la matinée... Nos deux jours à Venise furent un enchantement. Nous n'avons jamais oublié les trompettes d'Aïda entonnée par l'orchestre juché sur une estrade au milieu de la place St Marc, dans la nuit tiède de cette fin de juillet... Florence, Arezzo, Assise, où Maria souffrit de la chaleur devenue accablante. Deux jours à Rome et retour par Pise, Gênes et Turin.

En 1957, nous profitâmes de mes vacances pour aller, dans la deuxième quinzaine d'août, voir ma sœur Linette et son mari René, dont elle avait divorcé, après qu'il fut parti avec une autre femme, et avec qui elle s'était finalement remariée. Ils géraient une petite épicerie Coop dans les faubourgs d'Avignon, après l'avoir fait en Lorraine. Bien entendu, nous y allâmes par le chemin des écoliers, c'est à dire par le Massif Central pour en revenir par le Jura et bien entendu l'Alsace et la Lorraine.

Ce furent nos dernières vacances avec Désirée, des circonstances imprévues devant l'année suivante nous contraindre à nous en séparer...

***

Au début des années 50, l'ambiance n'était pas toujours détendue à la maison. Nous avions tous nos caractères, et il n'était pas facile de ne pas s'accrocher avec nos deux adolescents, Jeannot en particulier, avec son esprit de contradiction exacerbé. Comme il ne voulait pas céder et que je m'emportais facilement, il y avait souvent de l'orage dans l'air. Mais tout se terminait généralement par des embrassades émues et larmoyantes...

En 1955, notre fils ayant brillamment terminé ses études à l'École Normale, sortant major comme il y était entré, sans avoir jamais forcé son talent, débuta à l'école Mullot, sur la rive gauche, où il se rendait sur son scooter tout neuf qu'il s'était acheté avec son pécule de sortie et où il obtint de justesse son CAP. Il passera l'année suivante à l'école Géricault, sur la rive droite, cette fois, donc plus près de la maison. Il occupait ses loisirs à peindre et à faire du théâtre, notamment pour enfants, au théâtre Patapon qu'il animait avec des collègues dans une baraque du boulevard de l'Yser.

Notre fille, elle, avait obtenu son BEPC au Collège Moderne de Filles de la rue St Lô. Mais ses difficultés en mathématiques dont elle surestimait les conséquences l'amenèrent après deux seconde, alors qu'elle était admise en 1ère et que ses notes dans les autres matières lui eussent permis de rattraper ses mauvaises notes en maths, à abandonner le collège pour l'école d'auxiliaire puéricultrice de l'Hôtel-Dieu où l'on entrait avec le brevet. Se déplaçant sur un *Solex* tout neuf, elle fit des stages un peu partout, notamment à l'hôpital pour enfants de

Boisguillaume tout proche de chez nous où elle sera embauchée une fois son diplôme obtenu.

En juin 1957, nous apprîmes la mort en Algérie de notre neveu René Hausser, le fils d'Antoine et de Marie. Sorti de Saint-Cyr où il avait fait ses études, en dépit des tentatives de dissuasion de son père, il avait été affecté à une unité du Génie. Il fut tué par l'explosion d'une mine sur le barrage en construction à la frontière du Maroc, au moment où il posait l'allumeur... Le fils trouvait la mort sur les lieux où le père l'avait seulement plusieurs fois frôlée, dans les années vingt. Nos retrouvailles cet été-là, à Monswiller, ne furent pas spécialement gaies. René était fils unique. Pour Antoine et Marie, la vie n'avait plus de sens. Ils s'aigriront et se laisseront mourir de chagrin dans les années qui suivirent... Au début septembre, son sursis étant venu à expiration, ce fut au tour de Jeannot de partir pour l'Algérie où la rébellion continuait à tenir en échec ce qu'on appelait pudiquement les « forces de maintien de l'ordre ». C'est avec inquiétude que nous le vîmes partir en gare de Rouen en septembre 1957. Allait-il subir le même sort que son cousin ? C'était en fait une autre épreuve qui nous attendait...

Chez nous ! Été 1958- Après le déménagement

Chapitre X
Sotteville
L'ultime étape

En 1957, Ginette qui allait sur ses dix-huit ans, avait séduit sans le chercher le neveu préféré de Mme Levavasseur. C'était déjà un vieux garçon austère, dominateur et assez imbu de sa personne. Mais Ginette se persuada qu'elle l'aimait. Ils se mirent à sortir ensemble. Il lui fit quelques cadeaux avec lesquels il crut pouvoir l'acheter, ce qui provoqua une brouille au cours de l'été. Assez vite réconciliés, ils se mirent à parler mariage. Unique héritier de sa tante, il reçut en donation la maison que nous habitions. Il y installa l'eau courante et manifesta vite l'intention de l'habiter... avec Ginette bien sûr, quand ils seraient mariés. Il ne m'aimait guère et déclara *tout de go* à notre fille qu'il nous faudrait dégager les lieux le plus vite possible. Elle prit très mal la chose, le gifla... et tout fut rompu. Sans attendre d'être mis à la porte, je me lançai à la recherche d'une autre habitation. Ma lettre de renonciation au bail se croisa avec sa sommation d'huissier à vider les lieux. Nous ne pouvions pas prétendre à un HLM, mon employeur, Dunlop, ne cotisant pas à la caisse de Seine-Inférieure. Il fallut se résoudre à acheter quelque chose et, pour cela, trouver des fonds. Je commençai par vendre l'auto (j'achetai à la place, pour me rendre au travail, un simple *Vélosolex*.). Maria réalisa les quelques prés et vergers dont elle avait hérité en Alsace. Ainsi, en raclant nos fonds de tiroir et en ayant recours aux petites économies secrètes de ma femme, nous réussîmes à rassembler un million de francs. En le complétant par un petit emprunt (que nous remboursâmes d'ailleurs par anticipation, en payant un dédit), nous pûmes acquérir une modeste maison ouvrière, à Sotteville-lès-Rouen, aux 99/101 de la rue Benjamin Normand. C'était la réunion de deux logements accolés, d'une pièce de large chacun, sur trois niveaux, en contrebas de la rue, avec un bout de jardin, le tout dans un piteux état. Après treize années de bonheur tranquille à Boisguillaume, nous y emménageâmes le 1er mai 1958, alors que notre fils était en Algérie.

***

Notre nouvelle résidence n'avait rien d'un palais mais c'était une maison indépendante avec un bout de cour où nous étions chez nous. Il fallut bien entendu payer de notre personne pour améliorer l'état des lieux dans lesquels vivaient avant nous neuf personnes dont on ne peut pas dire qu'elles avaient été soucieuses d'ordre et de propreté. A l'intérieur, il a d'abord fallu se débarrasser des punaises. À l'extérieur, la cour avait depuis longtemps cessé d'être un jardin. Lorsque je l'ai remise en état, j'en ai retiré quelque 100 kg de boulets de charbon et une quarantaine de kilos de coquilles d'huîtres. Les abris divers et le bâtiment qui, dans le fond, servait de cave et de cellier, à côté du WC sans siphon posé au-dessus d'une fosse d'aisance qu'il fallait régulièrement vidanger, tout tombaient en ruines. Ce n'est pas le travail qui nous a manqué ! J'étais si fatigué qu'à la CNA, entre midi et deux heures, je m'allongeais sur des chambres à air posées sur le sol en guise de matelas pour récupérer... Avec l'aide d'un vieux voisin, qui mourut l'année suivante, j'entrepris de menus travaux de maçonnerie. Je supprimai quelques cabanes pour ne garder qu'un baraquement que j'aménageai en atelier-buanderie que je finis par transporter sur le côté, vers le fond de la cour. Je remis le jardin en culture. Il fallut encore repeindre la maison, intérieur et extérieur, retapisser les murs... Le rez-de-chaussée fut aménagé en cuisine et salle à manger. Le premier étage fut consacré à la chambre des parents et à celle de Ginette. À Jeannot fut réservée et aménagée la meilleure mansarde, l'autre servant provisoirement de débarras.

Sotteville, l'ultime étape

Au fil des années, nous améliorerons considérablement notre habitation, en faisant poser un bon carrelage à la place des vieilles tomettes disjointes du rez-de-chaussée, en rénovant la toiture et le réseau électrique, en repeignant les façades, en changeant portes et fenêtres, en construisant une petite véranda à l'entrée de la cuisine, en posant de la moquette dans les chambres... Nous ferons installer un cabinet de toilettes, avec une baignoire sabot, dans l'espèce d'alcôve de notre chambre. L'égout passant un peu en dessous du niveau des chambres, nous ne pouvions pas installer de WC et de baignoire au rez-de-chaussée. L'évier de la cuisine, lui, se vidait dans une bétoire au fond de la cour. Cela retarda longtemps notre décision d'acheter une machine à laver le linge qui ne pouvait trouver place qu'en bas.

Au début, nous nous chauffions au charbon et au bois que je récupérais çà et là, chez des utilisateurs de palettes notamment et que nous brûlions dans la cuisinière du rez-de-chaussée. Nous avions quelques radiateurs d'appoint, électriques ou à pétrole. Ce n'est qu'en 1984 que nous avons décidé de faire installer le chauffage central à eau chaude, avec une chaudière à gaz installée dans un placard à côté du coin toilette, aux deux premiers niveaux . Nous n'avons pas eu à le regretter. Aujourd'hui, notre maison est confortable et agréable. Nous y sommes bien et nous n'avons pas envie de la quitter.

***

En juin 1958, Jeannot était revenu d'Algérie pour une permission d'un mois environ. Il s'était lié par correspondance à une collègue de son âge, récemment divorcée au bout d'un an de mariage, ce qui ne nous plaisait guère, mais c'était avant tout son affaire. Il l'avait connue dans son dernier poste, à l'école Géricault. Si bien qu'il passa peu de temps à la maison. Nous fîmes connaissance avec celle qui allait devenir notre bru et nous la recevrons chez nous comme notre fille quand notre fils sera reparti pour l'Allemagne d'abord, à Constance où il passera huit mois, pour l'Algérie ensuite, près de Marnia, à la frontière marocaine où il restera jusqu'à sa libération, dans les tout derniers jours de 1959.

Ils se marieront en janvier 1960 dans la plus stricte intimité ; nous ne serons même pas invités. De Rouen où Jeannot avait rejoint sa femme dans un petit appartement près du Gros Horloge, ils iront pour trois ans à Maromme où ils seront nommés tous les deux et où Jeannot fera du théâtre au sein de l'Amicale laïque. Ils logeront dans un triste appartement de type F 3 d'un immeuble communal. En 1961, Nicole donnera naissance à une petite Sylvie que Maria ira garder pendant quelques mois, hors des vacances scolaires, en 1961 et 1962, en s'appliquant à suivre les consignes de notre bru qui avait des idées bien arrêtées sur l'éducation de ses enfants. Cette naissance sera suivie l'année suivante de celle d'un petit Philippe. Ils partiront alors tous quatre s'installer pour plus de vingt ans à l'école du hameau des Sablons de Jumièges, que Jeannot ne quittera que pour diriger l'école de Yainville en 1984.

En mars 1961, Ginette était devenue auxiliaire puéricultrice. Âgée de près de 22 ans, elle nous présenta un jour un comptable un peu plus âgé qu'elle, Robert C... qu'elle avait l'intention d'épouser. C'était un gentil garçon que nous considérerons vite comme notre second fils. Le 7 mai, nous allions pour les fiançailles officielles à Montargis où habitaient ceux qui avaient élevé Robert et sa sœur, orphelins de bonne heure, leur oncle Wilson, d'origine italienne, et leur tante « Tata ». Ils se marièrent le 12 août à Sotteville, la cérémonie religieuse ayant lieu à l'église de l'Assomption, en présence des parents et tuteurs ainsi que de Jeannot avec sa femme et leur jeune bébé. Le repas eut lieu dans un bon hôtel restaurant rouennais aujourd'hui disparu, où une chambre fut mise à notre disposition pour garder au calme la petite Sylvie, comme notre bru l'avait exigé.

Le jeune couple s'installa dans un duplex assez agréable de la banlieue nord de Rouen. Robert ayant trouvé un emploi intéressant avec logement à Boissy-sous-Saint-Yon, ils quittèrent la région rouennaise peu après. Mais les acrobaties comptables pas très légales demandées à Robert par son employeur lui firent chercher une autre place et un autre logement. Il travailla un temps à Paris, Ginette étant employée à l'hôpital d'Arpajon et trouvèrent à louer une maison à Breuillet. Un peu plus tard, Robert réussit à entrer à l'Aéroport de Paris où il terminera sa carrière. Ayant acheté à Cerny, dans l'Essonne, une bande de terrain agricole sur lequel ils avaient construit un bungalow, ils finirent par obtenir le permis d'y construire une vrai maison où ils s'installèrent définitivement.

Nous fûmes souvent invités chez eux, où nous les aidions parfois dans leurs travaux, et nous avons souvent passé ensemble de bonnes vacances. En février 1968, nous partageâmes leur joie à la naissance du petit Frédéric, le cher Titi, que Ginette avait attendu si longtemps, contrainte de passer par des traitements hormonaux après plusieurs fausses couches... Plusieurs fois par an, nous allions passer quelques jours chez eux, en particulier à Noël que nous avons souvent fêté ensemble. Nous aimions particulièrement Cerny. J'appréciais le calme, le jardin et les promenades à pied que je pouvais faire dans la forêt proche que je connais à présent comme ma poche...

***

Nous allions au cinéma deux fois la semaine : une fois à Rouen et une fois à Sotteville, au Voltaire, aujourd'hui disparu, où les places étaient moins chères. En 1962, ayant acheté la télévision, nous avons progressivement cessé d'y aller. Notre premier téléviseur, en noir et blanc, nous a duré 12 ans. Nous l'avons remplacé par un téléviseur couleurs en 1978. Nous avons en outre acquis un petit récepteur portable de secours car, aujourd'hui, la télévision est devenu notre fenêtre sur le monde et notre principale source de distraction. Vers 1990, je me suis même décidé à acheter un magnétoscope. Ainsi, quand rien ne nous convient dans le programme, nous nous passons les films que nous avons enregistrés précédemment.... Nous lisions aussi toujours beaucoup et nous utilisâmes bientôt les ressources des bibliothèques de prêt de Rouen-St-Sever et de Sotteville.

Pour nos déplacements à Rouen, nous prenions le bus, pour les déplacements plus lointains, le train. Et il nous arriva même de louer une auto à la CNA. C'est en train que nous allâmes en vacances dans la famille en 1961. Mais c'est dans l'*Aronde* de Ginette et Robert que nous entreprîmes en juin 1965 un périple qui nous emmena à Nice en passant par Tracy, l'Alsace-Lorraine, le Jura et les Alpes. En 1967, j'acceptai pour la première fois des vacances statiques au Malzieu, en Lozère, où nous avions loué une espèce de gîte rural et où je découvris les délices tranquilles de la pêche à la ligne ! Deux ans plus tard, nous nous retrouvions ensemble dans les mêmes conditions, mais avec Frédéric bébé, à Pont de Salars, dans l'Aveyron. En 1970, nous poussâmes plus au sud, jusqu'aux Pyrénées, près de Luchon...

***

Trois petits tours

En 1966, à ma grande surprise, un ancien inspecteur de *Dunlop* devenu sous-directeur, était venu me trouver depuis Paris pour me demander mon aide. *Michelin* développait alors une campagne publicitaire selon laquelle son nouveau pneu **X**, à carcasse métallique, le premier pneu radial, permettait d'économiser le carburant. La direction générale des Transports départementaux avait alors demandé un essai en vrai grandeur, sur certains de ses véhicules. On équipa deux autobus témoins, l'un en *Michelin*, l'autre en *Dunlop*. Chaque dimanche matin, on interchangeait les équipements pneumatiques et l'on vidangeait les réservoirs pour savoir ce qu'avait consommé chaque véhicule pendant la semaine. L'enjeu était de taille : *Dunlop* avait tout à perdre d'un résultat défavorable. Comme l'on n'ignorait pas en haut lieu que j'entretenais d'excellentes relations avec les cadres et les chauffeurs de la CNA on comptait sur moi pour faire en sorte que les essais jouent en notre faveur. On me dora la pilule. Pour m'encourager à bien collaborer et à user de mon entregent, on m'attribua une prime spéciale de 12 000 F par mois et l'on me promit le remboursement de tous les frais que je pourrais engager, y compris les éventuelles tournées offertes aux chauffeurs. Je ne pouvais qu'accepter. Chaque dimanche, en surveillant les opérations je m'arrangeai pour influer sur l'appréciation de la consommation de carburant de façon à ce qu'elle ne soit pas défavorable à *Dunlop*... Quelque temps après les essais, l'un des chefs du service « *Entretien* » de passage à Rouen me dit : « *Mourot, vous avez bien travaillé* » Je me consolai ainsi de mes précédents déboires en voyant enfin mes mérites reconnus.

Mais deux mois et demi plus tard, en guise de remerciement, j'étais invité à retirer à la Poste une lettre recommandée avec accusé de réception qui m'informait qu'étant données les circonstances (un gros client, chez qui, d'ailleurs, je ne travaillais pas, la SETIP, avait fait défection) on supprimait un emploi à Rouen et c'était moi qui en faisais les frais. Après presque trente ans d'ancienneté dans la société, j'accusai le coup et je me demandai si j'oserais rentrer à la maison. En fait, on aurait dû licencier ou déplacer le monteur, désormais inemployé, de la SETIP. Mais c'était le mouchard de Dunlop sur la place et l'on avait besoin de lui à Rouen... Les « marchands de caoutchouc » s'étaient servi de moi quand ils en avaient eu besoin avant de me jeter comme une vieillerie inutile, peut-être même à cause de ce que j'avais été amené à faire pour eux. Je les attaquai sans succès aux prud'hommes et je restai trois mois sans emploi. Cela ne me convenait guère et j'avais honte quand j'allais pointer au chômage.

Toujours courageuse, dès ma mise à pied, Maria se mit en quête d'heures de ménage dans le quartier. C'est grâce à elle que je trouvai un « petit boulot » de manutention chez un de ses employeurs. Avec mes indemnités et le revenu des petits travaux que nous faisions à droite à gauche, nous pûmes subvenir à nos besoins sans toucher à l'importante indemnité de licenciement versée par Dunlop. J'avais beau me démener pour trouver du travail, compte tenu de mon âge (56 ans), personne ne voulait de moi. Grâce à l'entremise de l'ancien directeur de la CNA devenu grand ponte à la SGTD, à qui, toute honte bue, j'avais en désespoir de cause fini par m'adresser, je trouvai une place de vulcanisateur chez Ansselin, dans le quartier Saint-Sever, tout près de chez nous. J'appris ainsi un nouveau métier. J'avais mon coin-atelier où l'on me laissait une paix royale ; on savait qu'il ne fallait pas me déranger à l'heure du casse-croûte, que je passais à lire en même temps qu'à manger. Je m'entendais bien avec les collègues et la direction et j'y ai été heureux jusqu'à l'heure de ma retraite, en juillet 1975. J'aurais pu partir le jour de mes 65 ans, au mois de mars, mais je tins à rester jusqu'aux vacances, pour bien mettre au courant mon successeur et faciliter la transition

La direction me fit honneur en célébrant mon départ au *Novotel* du Madrillet. J'étais ému ... et un peu inquiet pour la suite. Je me demandais si ma pension allait nous permettre de vivre convenablement. En prévision des jours difficiles, j'avais même commencé à faire des stocks de tabac pour ma pipe. En fait, l'addition de ma pension de la Sécurité Sociale, de celle de la caisse complémentaire AGRR, à laquelle cotisait Dunlop et de la CIRRIC, à laquelle cotisait Ansselin-pneus, m'amenèrent à percevoir une somme supérieure à celle que je touchais au moment de ma cessation d'activité ! Il faut dire qu'après la guerre, nous avions bénéficié d'une dotation exceptionnelle de points de retraite gratuits qui augmentèrent d'autant le montant de ma pension J'étais encore en bonne santé, j'allais pouvoir profiter d'une liberté bien méritée.

***

Trois petits tours

Retraité, je m'organisai de façon à ne jamais m'ennuyer. Je partais le matin pour quelques heures de marche au cours desquelles non seulement je faisais les courses, Maria m'accompagnant au début au marché, mais encore j'explorais Sotteville et je redécouvrais Rouen. L'après-midi commençait souvent par une sieste et se poursuivait par de la lecture ou des moments de télévision. J'avais aussi toujours quelque bricolage en train. Et je me plongeais volontiers dans mes souvenirs, passant de l'atelier-buanderie-salon à la mansarde-grenier dans laquelle j'avais aménagé un lit, un bureau et une bibliothèque où je conservais ce que Maria appelait des « vieilleries » et qui étaient pour moi des témoignages de ma jeunesse... Les soirées étaient invariablement consacrées, comme précédemment, à la télévision que nous regardions Maria et moi, parfois la main dans la main, heureux de nous retrouver ensemble, aussi attachés l'un à l'autre qu'autrefois, malgré mes coups de gueule ou le trop grand réalisme de Maria qui me ramenait trop vite sur terre quand je me mettais à rêver. Cependant, l'âge venant, pour ne pas nous gêner, nous avons fini par faire chambre à part, nos heures d'insomnie étant différentes...

Libérés des contraintes de calendrier des actifs, nous profitâmes alors de ce que nous en avions les moyens pour prendre des vacances et voyager. De 1975 à 1987, nous avons fait cinq séjours dans la famille, à Nancy et à Saverne, chez nos neveux et nièces Ham, notamment. En mai 1978, nous avons traversé la Manche pour un week-end en Angleterre et en 1982, nous avons successivement fait un saut en Hollande et en Allemagne, pour une croisière sur le Rhin.

En septembre 1976, nous avions pris pension à Saint-Jorioz, auprès du lac d'Annecy et l'année suivante nous étions retournés à Lourdes. Des retraités rencontrés nous ayant dit du mal de certaines maisons de vacances, nous hésitions à répondre aux propositions de séjours que nous faisait la plus grosse caisse de retraite complémentaire dont je dépendais, l'AGRR, d'autant que nous aimions notre indépendance et redoutions d'être embrigadés. En 1977, nous décidâmes de faire un essai. C'est ainsi qu'un train-couchettes nous emmena jusqu'à Grasse où nous eûmes une chambre tout confort, avec salle de bain et téléphone, dans un ancien hôtel de luxe rénové. De notre fenêtre, nous avions une vue magnifique sur la Méditerranée. Pour un prix modique, nous bénéficiions d'une nourriture excellente et suffisante, de distractions sur place et d'excursions (les unes gratuites, les autres payantes) ce qui nous permit de sillonner toute la Provence et même d'aller en Italie. Enchanté de cette première expérience, nous devînmes des habitués des résidences de loisir de l'AGRR. Au début, nous voyagions en train, un minibus nous attendant à la gare pour nous mener à notre lieu de villégiature. Mais par la suite, surmontant ma peur, j'acceptai de voyager en avion, me disant que s'il nous arrivait malheur, nous disparaîtrions ensemble, Maria et moi, et que ce serait très bien ainsi... Je ne le regrettai pas, la vue de la France depuis le ciel par beau temps étant un enchantement.

Nous allâmes ainsi encore à Barr, deux fois, dans un petit établissement de style alsacien où notre nièce Simone Ham, restée célibataire avec un enfant, vint nous retrouver et nous emmena visiter la famille et nous promener. Mais là où nous nous sommes sentis le mieux, au point d'y retourner trois fois, ce fut à Mousquety, dans le Vaucluse que nous découvrîmes en 1979. L'établissement était situé dans un immense parc que traversait la Sorgue, et nous avions choisi de loger dans un des bungalows isolés disposant d'une kitchenette et d'une réfrigérateur où nous étions vraiment chez nous. Même Maria, qui avait plus de mal à marcher que moi, pouvait s'y promener et nous pouvions au retour nous régaler de boissons fraîches dont nous ne manquions pas de faire provision dès notre arrivée...

Après notre dernier séjour à Barr, en octobre 1987, notre état de santé ne nous permit plus de nous éloigner de Sotteville, mais nous avions emmagasiné assez de bons souvenirs pour meubler agréablement le reste de notre vie.

***

Aujourd'hui, en 1991, le vide s'est fait autour de nous. Nos parents, la plupart de nos frères et sœurs, nos amis, presque tous ont disparu les uns après les autres. Le dernier, Fernand, le mari de ma sœur Marguerite qui était venu plusieurs fois à Sotteville quand il pouvait encore conduire, vient de disparaître en mai, à près de 91 ans. Marguerite l'avait précédé au même âge deux ans plus tôt, à la suite d'une congestion cérébrale. J'étais « heureux » (si l'on peut dire) qu'elle n'ait pas eu à subir le sort de notre mère qui, à la suite d'une attaque, était restée six ans grabataire dans une salle commune de l'hospice de Nancy avant de disparaître en 1959, peu après le décès de Louis, mon frère le plus proche, mort assez jeune, à 50 et quelques années, d'une crise cardiaque, sa femme Antoinette ne devant le suivre que tout récemment. Mon frère aîné Georges, était mort après la Guerre de tuberculose à la suite d'une pleurésie mal soignée contractée à l'Armée et à une vie difficile, ma sœur Lucie d'une septicémie consécutive à une extraction de dent sur un abcès. Mon autre frère survivant, René, avait eu une fin misérable. C'était un excellent boucher, et il avait réussi tous les concours qu'il avait passés, pour entrer à l'Octroi ou à la Ville de Nancy. Mais ivrogne puis alcoolique, il avait gaspillé ses dons après avoir manqué l'occasion de sa vie en ne s'assagissant pas pour épouser une patronne de boucherie qui l'aimait et qui épousa finalement un autre de ses commis. Quand j'étais encore à la maison, il m'est arrivé d'aller le récupérer ivre mort dans notre charrette à bras ou d'être obligé de passer au journal où nous avions des cousins pour qu'ils empêchent la publication de notre nom dans la rubrique des faits divers... Un jour, j'ai dû reporter à son propriétaire un vélo qu'il avait « emprunté » pour revenir, identifié grâce à la plaque fixée sur le cadre. Je n'étais pas très fier quand on me donna une petite gratification pour avoir ramené le vélo que j'avais « trouvé » ! Désintoxiqué malgré lui au cours de ses cinq années de captivité, on aurait pu le croire sauvé. Il s'était même un jour annoncé à Boisguillaume... Mais il avait vite replongé. Une fois, j'avais reçu de sa part un « appel au fric » depuis je ne sais plus quelle prison où il faisait un séjour... Il avait dit: « *À soixante ans, si je suis toujours là, je me jette à l'eau.* » Le moment venu, on l'a repêché à Nancy dans le canal de la Marne au Rhin. C'est Fernand qui a dû identifier le corps...

Disparus aussi, Pierre Lanaro et sa femme, ma cousine Raymonde, Anna Ham et nos amis Schalck... A Saverne, Antoine est mort en 1970, à un peu plus de soixante ans, suivi de peu par Marie, ainsi que Joseph Ham puis Joséphine ... Il ne nous reste plus que ma petite sœur Jacqueline (Linette) à Nancy, remariée, après son deuxième divorce, avec Alex Kazmierczak, et à Saverne, Georgette, la veuve de Joseph Hausser, le « malgré nous » mort devant Stettin pendant la guerre, qui ne s'est jamais remariée.

***

Nous-mêmes, si nous avons eu la chance d'être longtemps en bonne santé, n'avons pas échappé sur le tard aux maux qui guettent les personnes âgées.

Sotteville, l'ultime étape

Cela commença pour moi par une hypertrophie de la prostate, vers l'âge de 70 ans, dont j'avais ressenti les premiers effets au cours de notre voyage en Angleterre en 1979. Quelques mois plus tard, un matin, au moment de quitter Cerny, il me fut impossible d'uriner. J'attendis d'être revenu à Sotteville pour appeler le médecin qui ne vint que le soir, sans réussir à me sonder. Il me fallut aller à la clinique Saint-Hilaire pour qu'un chirurgien parvienne enfin à me poser une sonde et à me soulager. Au cours de l'entretien que j'eus ensuite avec lui, il me fit prendre conscience de l'impossibilité de recourir en permanence à la sonde et me proposa la solution chirurgicale. D'un commun accord, nous fixâmes une date, et en octobre 1980, conduit par notre voisin, j'entrai en clinique. On m'opéra le lendemain. Tout se passa au mieux, même si les réveils sont toujours pénibles et les suites plutôt douloureuses. J'avais une chambre pour moi tout seul, avec télévision, téléphone, Robert m'appelant tous les jours à midi depuis Orly. J'y passai une douzaine de jours pas trop désagréables. Je reçus des visites, notamment celles de Ginette-Robert et de Jeannot et son épouse, les uns et les autres accompagnés de Maria, et je m'en trouvais à chaque fois profondément ému. A mon retour, je me crus définitivement remis sur pied et voulus aussitôt partir pour un tour en ville. Je me rendis bien vite compte de ma faiblesse et je rentrai immédiatement. Par la suite, pendant une semaine, je passai la matinée au lit jusqu'à mon complet rétablissement. Les examens de ma prostate effectués à Paris ne révélèrent aucun indice cancéreux. Cependant, quelque temps après, on m'enleva par aspiration et après une simple anesthésie locale, un petit kyste qu'on avait décelé sur l'un de mes reins...

Je fus tranquille jusqu'en 1989. Là, un jour, Maria remarqua que j'avais des traces de sang dans mon slip. « *Tu devrais aller voir le médecin,* me dit-elle, *tu as peut-être des hémorroïdes.* » En fait d'hémorroïdes, j'avais des polypes dans le côlon. On m'envoya une journée, à la clinique Trianon, à dix minutes de chez nous, où l'on m'endormit une heure pour une coloscopie. Quinze jours après je recevais un lettre de mon médecin traitant me demandant de passer la voir rapidement. Dans son cabinet, elle m'annonça avec les ménagements d'usage que mes polypes étaient cancéreux et qu'il fallait m'opérer dès que possible. Ce fut un coup de massue. Mais je me ressaisis vite et lui demandai de me conseiller un chirurgien dans une clinique où Maria puisse venir me voir. Elle me conseilla la clinique Méridienne, la plus proche de chez nous. J'y entrai le 3 mai et après une semaine d'examens, avec un régime alimentaire sévère qui commençait chaque matin par un grand verre d'huile de paraffine, et des lavements successifs, le 9 mai, j'entrai en salle d'opération... Jusqu'au 19, je restai sous perfusion, les premiers jours en salle de soins intensifs, et quand je recommençai à me nourrir, ce fut sans appétit. Robert et Jeannot me téléphonaient souvent et Maria venait passer avec moi les après-midi. Tout le monde vint successivement me voir, et cela me faisait plaisir de constater qu'on pensait à moi. On m'avait enlevé un bon morceau de côlon, mais sauvé l'anus. Au début le reste de l'intestin était branché sur une poche externe qu'on vidait régulièrement. Le 21 mai, à mon grand soulagement, on me retira tous mes tuyaux et la poche, on rétablit le circuit normal et on me remit dans une chambre individuelle. Le 27 mai après-midi, enfin tiré d'affaire, je sortis en compagnie de nos voisins et de Maria qui étaient venus me chercher. De retour à la maison, l'appétit revint, le transit redevint parfaitement normal et je récupérai tout doucement. Prudemment, j'ai commencé à surveiller mon régime alimentaire. Je réduisis notamment ma consommation de vin et de corps gras. Mais je n'ai plus jamais retrouvé ma vigueur d'antan. Il est vrai que j'allais avoir 80 ans.

Le 15 janvier 1990, ce fut au tour de Maria de passer sur la table d'opération. Elle s'était découvert une petite grosseur sur le sein droit. Un examen médical avait immédiatement conduit au diagnostic redouté : c'était un cancer. Il fallait immédiatement opérer. Courageuse et fataliste, elle entra, elle aussi rapidement, à la clinique Méridienne. On lui enleva la moitié du sein et les ganglions correspondants. Il n'y avait pas de métastases, mais l'opération fut cependant suivie d'une série de séances de radiothérapie. Elle se rétablit lentement dans une chambre individuelle confortable où je venais la voir tous les jours et où je pouvais lui téléphoner chaque soir pour lui souhaiter le bonsoir. Jeannot et Ginette-Robert vinrent lui rendre visite aussi souvent que possible. Quand elle sortit, elle subit encore une série de séances de radiothérapie et elle reprit lentement le dessus. Mais l'ablation des ganglions provoqua un fort œdème du bras droit qui ne disparaîtra jamais et qu'elle essaiera de contenir par des drainages lymphatiques et un manchon élastique.

***

Sotteville, l'ultime étape

Nous avons fêté nos noces d'or en 1983 avec nos enfants et petits-enfants, au Novotel du Madrillet. Aujourd'hui, veille de Noël 1990, je termine l'enregistrement de mes souvenirs sur le radio-cassette que mon fils vient de m'offrir. J'avais commencé sur un petit magnétophone qu'il m'avait offert quelques dix années plus tôt. Installé au milieu de vieilles photos jaunies et de reliques de toutes sortes, je mesure le chemin parcouru depuis ma ferme natale de Griffonchamp. Est-ce bien le petit bonhomme rigolard au crâne rasé, souriant au photographe dans son costume marin, qui naviguait naguère entre les palais dorés du Grand Canal de Venise ? Ou qui s'étonnait du spectacle de soldats russes en famille sur le Pratter de Vienne ? Ou encore qui s'emplissait les yeux de la Grande Bleue en arpentant le chemin des douaniers qui longe la côte, de Monte-Carlo à Menton ?

En sentant le petit bouquet de thym suspendu devant moi, je me revois allongé à l'ombre dans la garrigue de Mousquety où je l'ai cueilli, sous l'azur profond d'un ciel sans nuage, bercé par le chant des cigales, et c'est toute le parfum de la Provence que je respire. En caressant le petit galet rond et plat mêlé à la menue monnaie que je garde pour acheter le journal, je nous revois, Maria et moi, assis sur une plage ensoleillée, dans une crique près de Vintimille, à quelques pas d'une vieille chapelle bâtie au bord de l'eau, juste au-dessus du rivage et j'entends clapoter les vaguelettes de la Méditerranée... Et cela me fait chaud au cœur.

Je viens d'écouter le carillon de notre pendule *Vedette*, dont la sonnerie reproduit celle de l'horloge de Westminster. Aujourd'hui hors d'usage, elle est relégué dans mon « bungalow » au fond du jardin. Ce fut l'un de nos premiers achats, quand nous nous sommes mariés, Maria et moi. Au début, nous guettions les heures, les demies, les quarts, pour l'entendre sonner... Il me rappelle les beaux jours enfuis, et plus particulièrement les Noëls d'autrefois. Dans mon enfance, nous étions trop pauvres pour en faire une grande fête et, d'ailleurs, dans l'Est, on célébrait plutôt la Saint-Nicolas ; on nous offrait alors un prélat et une bourrique en pain d'épices, et c'était tout. Pas de sapin. Je me souviens seulement qu'à Nancy, après la Grande Guerre, le soir de Noël, j'allais au cinéma avec Papa, et qu'en rentrant, vers minuit, je trouvais une orange à ma place... Plus tard, jeunes mariés, nous avons toujours fêté Noël tous les deux, Maria et moi, à la maison. Quand les enfants sont venus, nous avons dressé et décoré un sapin. A Metz, rue aux Arènes, il était installé dans notre chambre, sur la commode, ou dans la salle à manger, sur mon bureau. Une année, nous avons constaté que les souris avaient commencé à manger les friandises suspendues à l'arbre !

Après les privations de l'Occupation, nous avons, à Boisguillaume, renoué avec la tradition. Nous soupions légèrement. Nous restions à jouer au jeu de l'oie, au jeu de dada ou aux dominos en écoutant la radio jusqu'à l'heure de la messe de minuit, où nous nous rendions à pied dans la nuit froide. Après le très attendu « *Minuit chrétien* », entonné par le baryton de service, et la fin de l'office, au cours duquel on amenait le petit Jésus dans sa crèche en chantant « *Il est né le divin enfant...*», nous rentrions découvrir les cadeaux déposés au pied de l'arbre, à côté de notre vieille crèche qu'une amie nous avait offerte à Metz. Et nous réveillonnions joyeusement et classiquement avec huîtres, ballottine, et boudin blanc. Le lendemain, nous mangions cependant de bon appétit l'oie ou la dinde traditionnelle et la bûche confectionnée par Maria. Une année, par curiosité et pour imiter nos voisins anglais, nous avions acheté dans une épicerie fine un bol de véritable pudding. Hélas ! nous n'avons peut-être pas su l'accommoder mais ce fut pour nous une horreur et nous n'en sommes pas venus à bout !

Quand les enfants sont partis de la maison, nous avons souvent été invités à passer Noël chez Ginette-Robert où nous restions quelques jours. Nous allions plus rarement chez Jeannot, pour un simple repas, pour célébrer par exemple, la « première communion » laïque de nos petits-enfants. Et à présent que nous ne pouvons plus guère nous déplacer, Maria et moi, nous célébrons Noël tranquillement entre nous, comme à nos débuts dans la vie. Nous allons tout à l'heure déguster notre dîner amélioré, avec foie gras, boudin blanc et une bonne bouteille de vin. Après quoi, nous suivrons la veillée de Noël à la télévision, toujours ensemble après tant d'années, en espérant ne jamais plus être séparés .

Epilogue

Henri Mourot, mon père, est mort le 8 avril 1992, peu après midi. Il venait de signer la feuille de dépannage de son téléviseur quand il s'est affaissé, terrassé par une crise cardiaque, sous les yeux du technicien bouleversé. Il a glissé sous la table. Le SAMU, appelé aussitôt, n'a pu que constater le décès.

C'était la fin d'un processus enclenché au début de l'année. Depuis un certain temps, souffrant d'une angine de poitrine que soulageait difficilement la *trinitrine*, il ne quittait plus la maison. Ses chevilles s'étant mises à gonfler, il ne finit par s'en inquiéter que lorsque l'œdème gagna un testicule qui devint énorme. Emmené par mes soins aux urgences de l'hôpital Charles Nicolle en février, il fut hospitalisé en angiologie à Boisguillaume, dans une chambre à deux lits d'abord, puis dans une chambre individuelle où il se sentait plus à l'aise. Médicaments et régime sans sel finirent par avoir raison de l'œdème des membres inférieurs, mais il faillit mourir une nuit d'un œdème pulmonaire décelé *in extremis*. Depuis lors, il vivait avec assistance respiratoire quasi-permanente. Les examens pratiqués ne laissèrent aucun doute aux médecins du service où il était soigné : le cancer qui avait affecté le côlon trois ans plus tôt s'était généralisé ; le foie, notamment, était atteint et ses jours étaient comptés. On lui dissimula la gravité de son cas. Je demandai à l'interne d'éviter tout acharnement thérapeutique et de faire en sorte qu'il ne souffre pas.

Rentré à la maison le 20 mars, il s'installa sur un lit tout neuf dans la salle à manger. Une infirmière venait l'aider à sa toilette. On lui avait apporté un générateur d'oxygène sur lequel il était la plupart du temps branché. Il mangeait à peu près normalement, avec un sel de substitution. Il se levait de temps en temps et la veille de sa mort, il m'avait fièrement annoncé au téléphone qu'il venait de mettre, pour la première fois depuis son retour, le nez dehors.

Ma sœur, forte de son expérience hospitalière, m'avait laissé entendre que la fin pouvait survenir très vite. Nous ne pensions cependant pas qu'elle arriverait si tôt, moins de trois semaines après sa sortie d'hôpital. Ce fut un coup dur pour tout le monde, en particulier pour notre mère qui passa la nuit qui suivit chez moi, à Yainville où je m'étais installé en 1984, et pour Frédéric, qui aimait tant son grand-père et ne pouvait se résigner à sa disparition ; c'est en pensant à lui qu'il passa à cette époque le concours de l'agrégation d'économie-gestion et c'est à lui qu'il dédia son succès. Le lendemain, il était là avec son père et sa mère, bientôt rejoints par Simone Ham, la fille de Joséphine. La cérémonie funèbre eut lieu en l'église où Ginette et Robert s'étaient mariés. La nef était pratiquement vide: en dehors de la famille proche, seuls quelques voisins et deux représentants de Yainville étaient venus lui dire adieu. On l'incinéra au crématorium du Cimetière monumental quelques jours plus tard au son d'extraits du *Requiem* de Mozart qui adoucirent un peu notre chagrin.

L'urne funéraire fut déposée dans la chambre-bureau du grenier où Papa aimait s'enfermer l'hiver avec ses souvenirs. Et Maman, après quelques jours avec Ginette et Simone, se retrouva seule dans la maison à laquelle nous avions redonné son aspect habituel. Conscient d'être plus jeune qu'elle de cinq ans, notre père redoutait qu'elle disparaisse la première. Il lui disait: « *Je serai ton bâton de vieillesse !* » Le pauvre n'en a pas

ÉPILOGUE

eu le temps. Et notre mère a fait face à sa solitude, courageusement, comme à son habitude.

Sa vue diminuant, son ophtalmologiste la dirigea vers un chef de service à Charles Nicolle, qui constata qu'un glaucome avait pratiquement détruit la vision de son œil droit, mais qu'on pouvait peut-être sauver celle du gauche. Après quelques séances de laser, il décida de l'opérer de la cataracte. L'opération eut lieu en janvier 1994 et fut une réussite. Tout ce qu'elle ne voyait plus que dans un brouillard redevint clair et net . Elle redécouvrit le monde, se remit à lire et trouva de nouvelles forces pour continuer à vivre.

Jusqu'à sa mort, elle occupa toujours sa maison, se désolant que tout se dégradât mais ne voulant pas « *à son âge* » engager des frais de rénovation. Elle bénéficiait deux fois la semaine de l'assistance d'une femme de ménage portugaise qui était aussi sa confidente et, tous les jours, de la tutelle attentive et bienveillante de sa voisine, dont le mari entretenait la cour et le jardin, alors consacré aux fleurs et à une petite pelouse. Elle portait un médaillon relié au téléphone qui permettait, en cas d'accident, par une simple traction, d'alerter les proches ou, à défaut, le SAMU. Ginette, Robert, Frédéric venaient tous les mois. Ils arrivaient le samedi en fin de matinée et repartaient le dimanche en début d'après-midi. Ginette avait pris sa retraite et s'était mise à la peinture. Frédéric, devenu professeur en région parisienne, préparait l'ENA, avec son père pour *manager*. Pour ma part, je venais la voir toutes les semaines et j'étais à sa disposition à tout moment lorsqu'elle avait besoin de moi. Depuis l'hiver 93/94, ma vie avait changé. J'habitais toujours à Yainville, mais dans la maison voisine de celle que j'avais fait construire avec mon épouse, dont j'avais divorcé en juin 1995. Je fréquentais déjà ma nouvelle compagne, Danielle, veuve depuis janvier 1991, quand Papa était décédé. Il avait eu du mal à accepter ma nouvelle situation. Il avait souffert d'une mésentente plus ou moins tacite avec sa bru qui le supportait mal, mais il était de ceux pour qui les couples sont faits pour durer. Et il craignait que, tout à mon nouvel amour, j'aille l'abandonner. Il m'avait compris mais avait préféré ne pas connaître Danielle. Il se serait pourtant bien entendu avec elle, comme Maman par la suite, qui plaignait ma précédente épouse lorsqu'elle somatisait, dans une solitude qui lui convenait finalement mieux que la vie de couple avec un homme dont elle n'avait cessé de se plaindre, mais se réjouissait de mon bonheur et se félicitait d'avoir enfin trouvé une bru à sa convenance. Elle ne sortait plus guère mais acceptait que je l'emmène quelque fois chez nous. C'est là qu'elle a célébré ses 90 ans, entourée de toute sa descendance: ses enfants, petits-enfants et arrière-petits-enfants...

Elle gardait l'esprit clair et le sens de l'humour, se repaissait de romans policiers et de séries policières à la télévision, préparait elle-même ses repas, ne crachant pas de temps en temps sur une bière ou un verre de bon vin et, si elle avait du mal à marcher, à cause de la surcharge pondérale et d'une arthrose de la hanche, elle montait encore seule l'escalier qui menait à sa chambre. Elle supportait sans récriminations les nombreuses douleurs qui l'assaillaient en se disant qu'elle serait mal venue de se plaindre alors que tant de personnes plus jeunes qu'elle souffraient aussi.

Mais, par moments, la vie lui pesait. Elle redoutait d'être obligée de quitter sa maison et de finir dans un établissement gériatrique. Papa lui manquait. Il était toujours présent dans sa mémoire, et sur une photo encadrée qu'elle avait devant les yeux dans sa salle de séjour... Elle était prête à le rejoindre, « *quand le bon Dieu le voudra* », pensait-elle. Elle aussi avait fait ses trois petits tours dans le 20ème siècle. Connaîtrait-elle le 21ème ? Allait-elle tenir jusque là ?

***

Maria est morte le dimanche 8 août 1999 à 5 h 30 du matin, à la Villa Saint-Dominique où elle avait été transportée le lundi précédent, après un séjour de deux semaines à l'hôpital Saint-Julien de Petit-Quevilly. Elle a succombé à une récidive de son cancer qui avait gagné l'appareil digestif.

Depuis la fin de 1998, n'ayant plus la force d'affronter son escalier, elle avait choisi de se confiner à l'étage où je lui avais installé un téléviseur et une petite table sur laquelle elle prenait les repas que lui préparait sa voisine. Elle passait l'essentiel de son temps à lire, à regarder la télévision et à somnoler entre vide et remémoration d'un passé lointain qui lui revenait par bouffées. Elle se revoyait enfant au lit, avec la scarlatine, par exemple. Ou se souvenait des tartes qu'elle cachait dans des cartons à chapeaux pour la soustraire à la gourmandise de ses frères... Mais elle ne voulait pas se souvenir des heures noires de son existence.

ÉPILOGUE

Une auxiliaire médicale venait chaque matin faire sa toilette et soigner ses débuts d'escarres. Elle était sortie diminuée de l'épreuve de l'été 1998, au cours duquel nous l'avions fait admettre, pour un petit mois, le temps de nos vacances, à la résidence de luxe *Hotélia* du quartier Saint-Sever. Si l'établissement pouvait donner toute satisfaction aux pensionnaires pas trop vieux et encore parfaitement valides, il n'était pas très bien adapté à quelqu'un comme Maman. On manquait de personnel et la climatisation absente rendait le séjour pénible par temps de canicule dans les chambres du haut, celles des personnes à mobilité réduite, ce qui était le cas de notre mère. Comme elle ne pouvait pas se lever seule sans risquer de tomber, ce qui lui était déjà arrivé une nuit où elle avait dû nous appeler à son secours en tirant sur son médaillon, sa voisine la garnissait en la couchant. À *Hotélia*, elle pouvait sonner une employée ou même s'en passer, le lit étant à la bonne hauteur pour lui permettre de se lever sans risques. Elle ne remit son « maillot », comme elle disait, qu'en revenant chez elle. Après une difficile adaptation téléguidée par téléphone, elle fit une phlébite. Son médecin, justement venue la voir ce jour-là, l'envoya aussitôt à l'hôpital Charles Nicolle. Elle n'en ressortit que peu avant notre retour des Pyrénées pour retrouver bien vite sa maison qu'elle n'aurait jamais voulu quitter (Elle nous avait lancé avec amertume avant notre départ : « *Vous me mettez au chenil comme un chien quand les maîtres partent en vacances !* »). Elle ne s'en remit jamais complètement. Deux crises d'érysipèle aggravèrent encore son état général. Par ailleurs, son œdème du bras droit empirait et gagnait les membres inférieurs. Le médecin lui faisait prendre des diurétiques qui la dégonflaient un peu mais l'épuisaient en fréquents allers-retours aux toilettes. Comme elle se levait de plus en plus difficilement, il fallut lui faire acheter un fauteuil-releveur de relaxation électrique qu'elle refusa d'abord mais dont elle apprit vite le fonctionnement et qu'elle finit par apprécier.

Je redoutais un nouvel ennui de santé nécessitant une hospitalisation. Je me demandais avec angoisse comment on pourrait la faire descendre par l'escalier si étroit... L'épreuve eut lieu en juillet 1999, peu après notre retour de vacances que nous avions passées à Granville, pour ne pas être trop éloignés, pendant quinze jours seulement et en revenant la voir deux fois au cours de ce séjour. Elle était ainsi restée chez elle, à la garde de sa voisine. Le matin-même de « *l'Armada du siècle* », elle régurgita son petit-déjeuner. Sans nous inquiéter exagérément, nous allâmes rejoindre ceux qui nous attendaient au bord de la Seine pour la descente des bateaux. Mais le soir, elle vomit à nouveau un liquide noirâtre et se sentit mal... J'appelai aussitôt le SAMU. Nous arrivâmes à Sotteville, Danielle et moi, en même temps que l'ambulance. « *Je croyais que j'allais partir sans te voir* », me dit-elle, soulagée. Les ambulanciers la descendirent finalement sans trop de peine, malgré son poids, sur une petite chaise pliante conçue pour ce genre de transport.

Conduite à l'hôpital Saint-Julien de Petit-Quevilly, elle dut attendre longuement qu'on s'occupe d'elle... Nous la quittâmes au milieu de la nuit, après que l'interne de service (auquel elle demanda s'il n'avait pas quelque chose à lui donner pour la faire mourir plus vite) eut décelé un petit problème bronchique et un autre cardiaque avant de l'hospitaliser. En fait, le cancer avait récidivé. Il avait atteint le foie et l'estomac. Ce n'était pas de l'œdème qui gonflait son ventre mais de l'ascite. Quelques jours plus tard, on lui fit une ponction qui la soulagea un moment. On lui administra une forme de morphine pour l'empêcher de souffrir... et l'on nous pria de lui trouver un hébergement hors de l'hôpital pour y attendre la mort, dans un délai qu'on se refusait à pronostiquer. J'allais la voir pratiquement tous les jours, le plus souvent avec Danielle qui travaillait encore à cette époque. Elle reçut la visite de sa femme de ménage et de sa voisine. Ses derniers plaisirs furent la visite de ses arrière-petits-enfants Mourot avec leurs parents et la consommation d'une canette de bière suivie d'un peu de limonade le jour de ses 94 ans ! Quand Ginette, Robert et Frédéric arrivèrent de Dordogne pour la voir une dernière fois en vie, elle n'avait déjà plus la force de se réjouir.

Je lui trouvai une place dans une confortable résidence proche de la gare où elle pouvait bénéficier d'un hébergement médicalisé. Elle n'eut pas le temps d'en profiter. Elle ne s'alimentait pratiquement plus. Elle commençait à souffrir d'escarres. Il fallut faire venir un engin de levage, un engin de torture, pour la sortir du lit et faire sa toilette. Le médecin décida d'augmenter la dose de sédatif, ce qui accéléra peut-être l'issue fatale qu'elle appelait de ses vœux. Elle se montra alors très excitée (effet secondaire de la drogue ?) et cria au personnel qui s'occupait d'elle : « *J'en ai marre ! Je veux mourir ! Quand est-ce qu'on m'emmène au cimetière ? Je veux mourir ! Je ne pourrai rien vous dire d'autre : **je veux mourir** !* » Elle finit par se calmer mais, de plus en plus faible, elle supportait à peine notre

ÉPILOGUE

présence. Danielle lui donna un soir les dernières cuillerées de yaourt qu'elle accepta pour lui faire plaisir. En la quittant, elle la vit tirer compulsivement sa couverture sous le menton, un signe annonciateur qu'elle avait constaté chez son mari moribond, quelques années auparavant. Le lendemain, au petit matin, elle était exaucée.

En ce début de mois d'août, il fut difficile de trouver un prêtre pour la cérémonie funèbre. Le curé de la paroisse Saint-Vincent-de-Paul de Sotteville accepta de la recevoir dans son église quasi-déserte pour ses funérailles : hormis la famille (enfants, petits-enfants et les conjoints) il n'y avait que les voisins ainsi que ceux qui les avaient précédés dans leur maison. La femme de ménage s'était faite excuser : elle partait le jour-même pour le Portugal. L'adieu, au nouveau crématorium du Cimetière monumental de Rouen, fut déchirant. J'avais enregistré un concert spirituel qui aurait plu à Maman mais qui nous a fait verser bien des larmes.

Son urne repose désormais, selon sa volonté, à côté de celle de Papa. La famille Compin ayant souhaité les accueillir dans le caveau qu'ils se sont fait construire au cimetière de Cerny, je ne m'y suis pas opposé. La maison de Sotteville a été vidée en quelques mois et vendue à deux femmes, la mère et la fille, qui y ont fait quelques travaux.

Nos parents sont ainsi arrivés au bout du voyage, à la lisière d'une forêt qu'ils ont aimé et auprès de laquelle ils ont passé des vacances heureuses. Ils n'auront finalement connu ni l'un ni l'autre l'an 2000. Ils auront fait ensemble leurs trois petits tours dans le siècle et puis s'en seront allés discrètement sans déborder dans le siècle suivant. Ils continueront à vivre dans nos mémoires aussi longtemps que nous-mêmes resterons en vie.

Table des matières

Prologue p. 9

Chapitre 1 : 11 rue Jeannot p. 13

Chapitre 2 : À l'ombre de la cathédrale p. 31

Chapitre 3 : Au soleil de l'Algérie française p. 39

Chapitre 4 : Maria p. 59

Chapitre 5 : Metz, port d'attache p. 69

Chapitre 6 : La fin d'un monde p. 79

Chapitre 7 : Les années noires p. 93

Chapitre 8 : Un nouveau départ p.109

Chapitre 9 : Jours tranquilles à Boisguillaume p.123

Chapitre 10 : Sotteville, l'ultime étape p.137

Épilogue : p.151

Composition : Jean Mourot 622 bis rue de l'Essart
76480 Yainville, France

Toutes les photos appartiennent à la collection privée de l'auteur